나는 지적인 사람인가 감정적인 사람인가

윤영화·김미라·서혜희 공저

학지사

우리는 매스컴에서 충동을 억제하지 못해 비참한 사건을 저지르는 사람들을 자주 접할 수 있다. 최근 급증하고 있는 학교폭력, 성폭력, 이혼, 우울증, 약물남용, 자살, 뇌물사건 등을 통해서 우리는 총체적인 교육의 문제를 생각하게 된다. 구체적으로는 정서교육의 부재를 절감한다.

이런 상황에서 우리는 간혹 '아이들을 어떻게 교육시켜 인생을 잘 헤쳐나가게 할 것인가?', '왜 높은 IQ를 가지고 있으면서도 실패하고 IQ가 높지 않으면서도 놀랄 만한 성공을 거두는가?' 와 같은 생각을 하게 된다. 그러한 차이는 IQ의 차이로 일어나는 것이 아니라 EQ에서의 차이로 야기될 것이다.

사람들의 행동에 미치는 정서의 영향력은 대단히 크다. 우리가 희망을 가지고 어려움을 헤쳐나가면서 인생을 풍요롭게 느끼도록 해 주는 것은 정서의 덕분이다. 부정적인 정서도 크게 작용하여 사람이 타고난 우수한 능력을 비효율적으로 만들기도 하고, 각종 신체적인 질병을 일으키기도 하며, 심하면 판단력을 손상시켜 정신병적인 상태를 초래하기도 한다.

최근 이같은 정서의 중요성이 부각되면서 각종 서적이나 매스컴에서 정서지능(emotional intelligence : EI)과 정서지능지수(emotional quotient : EQ)에 대해 많이 언급하고 있다. 심리학을 공부하고 있는 사람의 입장에서 보면 정서지능의 개념 자체는 새로운 것이 아니다. 왜냐하면 이미 심리학에서, 특히 상담장면이나 정신치료과정에서 추구하는 대부분의 목표가 바로 '자기 안의 정서를 파악하고 다스려 참된 나를 찾는 것'이기 때문이다. 즉, 자신의 정서상태를 바로 인식하고 바르게 통제하는 것으로 이런 과정을 방해하는 여러 요인을 스스로 찾아내어 제거하여 스스로 자유롭고 편안한 상태를 갖고자 하는 것이기 때문이다. 자신이 편안하고 안정되면 주변은 자연히 밝고 따뜻해진다. 이미 행해지고 있는 이러한 과정에 대해 체계적으로 개념을 정리하고 구체화시킨 것이 요사이 많이 거론되고 있는 EI나 EQ라 할 수 있다.

정서지능지수 EQ는 우리에게 익숙한 지능지수 IQ에 비해서 정서의 개념을 독자들에게 조금 더 명확하게 설명하기 위해 사용하는 용어로, 실제로 아직까지는 EQ를 IQ와 같이 수량화시켜 양적으로 나타낼 수 있는 단일한 척도는 개발되어 있지 않다. 그러나 본 저서에서는 정서지능 EI의 측정개념으로 정서지능지수 EQ란 용어를 사용하고자 한다.

우리는 정서를 생각할 때 보통 의식적인 경험, 즉 느낌이나 감정을 생각하기 쉽다. 그러나 의식적인 감정이나 느낌은 정서의 일부분이며 진화론적으로 볼 때에는 정서를 야기시키는 시스템의 중심적인 기능은 아니다. 예를 들면 공포를 느끼는 것은 위험에 대한 반응의 일부이지 전부는 아니다. 이런 느낌은 떨든지, 도망치든지, 땀을 흘리든지, 가슴이 두근거리는 것과 같은 행동적인 반응과 생리적인 반응보다 더 중요한 반응은 아니다. 진화과정에서 볼 때 정서의 한 요소인 의식이 되는 감정은 정서의 행동적, 생리적 반응보다 후에 나타났다. 본 저서에서는 정서

(emotion) 중 의식이 되는 부분을 감정 또는 느낌으로 차이를 두어 표현했다.

이 책에서는 정서지능 EI란 자신의 정서를 알고 수용하는 능력, 자신의 정서를 조절하고 통제하는 능력, 낙천주의나 인내와 같이 자신에게 스스로 동기를 부여하는 능력, 감정이입하는 능력, 친밀한 인간관계를 형성하는 능력을 총칭하는 개념으로 사용한다.

흔히 인간을 생명체 중에서 유일하게 사고하는 종으로 강조하는데 이로 인해 자칫하면 인간에게서 사고영역만 중요시하고 정서적인 면은 소홀히 하기 쉽다. 사고에 비해 정서의 힘을 무시하는 것은 극히 근시안적인 견해이다. 우리는 종종 중요한 결정이나 행동을 해야 할 때 느낌이 사고보다 강하게 작용하는 경우를 본다. 흔히들 이런 경우를 경험하면서도 우리는 이성적인 면이 지닌 가치와 중요성을 너무 강조해 왔다. 그러나 지능은 정서가 불안정할 때에는 제 힘을 발휘하지 못한다. 즉 EQ가 낮을 때에는 아무리 높은 IQ라도 일상생활 속에서 효율적, 능률적으로 활용되지 못한다. 우리는 주위에서 똑똑하고 학벌은 좋으나 성공적으로 살지 못하는 사람을 쉽게 볼 수 있다.

본 저서에서는 현재 EQ라는 이름으로 자주 거론되고 있는 정서지능에 관련된 다양한 측면들을 가능한 우리의 문화 속에서 살펴보고자 하였다. 그리고 EQ에 대해 잘못 전달되고 있는 내용들을 바로 잡고 일상생활 속에서 어떻게 EQ높은 삶을 영위할 수 있는가를 생각해 보고자 하였다.

이 책은 4부로 구성되어 있다. 제1부에서는 정서지능이란 무엇이냐에 관한 것으로 정서지능에 대한 이해를 돕고자 하였다. 그리고 실생활에서 나타나는 정서의 위력을 제시하고 있다. 제2부에서는 정서지능의 개발법에 대해 기술하였다. 제3부에서는 정서지능을 어떻게 실생활에서 잘 활용하여 살아갈 수 있는가에 대해 기술하였고, 마지막으로 제4부에

서는 가정과 학교에서 어떻게 정서지능을 향상시킬 수 있게 교육시킬
수 있는가를 다루었다.

　끝으로 이 책의 출판을 맡아주신 학지사의 김진환 사장님과 제작과정
을 맡아준 출판사의 여러분들께 감사드린다.

1997년 10월

저자일동

차 례

심·리·학·에·서·바·라·본·E·Q·이·야·기

심·리·학·에·서·바·라·본·E·Q·이·야·기

심·리·학·에·서·바·라·본·E·Q·이·야·기

심·리·학·에·서·바·라·본·E·Q·이·야·기

심·리·학·에·서·바·라·본·E.Q·이·야·기

심·리·학·에·서·바·라·본·E·Q·이·야·기

심·리·학·에·서·바·라·본·E·Q·이·야·기

심·리·학·에·서·바·라·본·E·Q·이·야·기

심·리·학·에·서·바·라·본·E·Q·이·야·기

심·리·학·에·서·바·라·본·E·Q·이·야·기

심·리·학·에·서·바·라·본·E·Q·이·야·기

심·리·학·에·서·바·라·본·E·Q·이·야·기

제4부 정서지능 교육

심·리·학·에·서·바·라·본·E·Q·이·야·기

심·리·학·에·서·바·라·본·E·Q·이·야·기

정서지능지수 EQ와 지능지수 IQ

우리시대의 가장 위대한 발견은
인간이 자신의 마음의 틀을 변화시킴으로써
삶 자체를
바꿀 수 있다는 사실을
발견한 것이다.

미국의 심리학자 윌리암 제임스

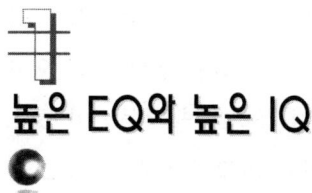

높은 EQ와 높은 IQ

높은 IQ가 성공을 보장하는가

S대 법대를 졸업한 B씨는 음주문제로 직장생활에서도 어려움이 많고 가족 내에서도 불화를 겪고 있다. B씨는 지방의 작은 마을에서 동네의 우등생으로(거의 천재로) 많은 사람들의 선망의 대상이 되었고, 그가 S대를 합격하던 날 마을에서 잔치를 해주었으며, 주변 사람들은 그의 장래에 대한 기대로 마음이 부풀었다. 그러나 대학에 입학한 B씨는 서울에서의 환경변화에 적응하기 어려웠고, 외로울 때면 술과 사창가를 찾아다니면서 4년 간의 대학생활을 근근히 해 나갔다. 졸업할 때가 되자 고향 사람들은 B씨가 고시에 쉽게 합격할 것으로 기대했다. 그러나 4년 간 고시 준비를 하면서 B씨는 점차 폐인이 되다시피하여 거의 날마다 방에서 술만 먹었다. 결국 고시공부를 정

리한 그는 작은 회사에 취직했고 결혼도 했으나, 변하지 않는 음주 습관과 대인관계 곤란으로 여전히 사람들로부터 고립된 생활을 해 오고 있다. 직장 동료들은 '그가 현실에 만족하지 못하고 불평불만이 많으며 다른 사람들을 우습게 여기고 자신만 아는 괴팍한 사람' 이라고 평가하고 있다. 이 사례에서 보듯이 좋은 학력이나 높은 지식수준만으로는 사람들이 자신의 삶에 얼마나 잘 적응할 수 있을지 알 수 없다. 우리는 좋은 학교를 졸업하고 수재임에도 불구하고 그리 성공하지 못한 사람을 종종 본다. 높은 지능이 개인의 정서적 능력을 발휘해야 하는 일상생활이나 사회생활에서의 적응과는 별로 관계가 없다는 것이 요사이 심리학계에서 많이 거론되고 있다. 즉, 현대 사회에서 흔히들 높은 IQ나 좋은 학력을 기준으로 사람을 평가하고 미래에 대한 성공의 가능성을 예측하고는 있으나 이런 예측이 실제로는 적절치 않을 뿐만 아니라 많은 문제점을 포함하고 있다는 지적을 받고 있다.

EQ와 IQ

인생을 성공적으로 사는데 IQ가 차지하는 비율은 일부분이고 성격이나 인간관계, 환경적 조건, 리더십, 운과 같은 비 IQ적 요소들이 많은 영향을 미친다. 이같이 지능 이외에 성공적인 삶과 관련되는 특성 중 최근에 많은 관심을 받고 있는 지능이 바로 정서지능, EI(emotional intelligence)이다. 정서지능이란 사람들이 안정된 정서 상태를 지니게 해주고, 삶에 동기를 갖게 해주며, 절망적인 상황에서는 이를 극복할 수 있는 힘을 주고, 충동적인 감정을 조절하게 하고, 다른 사람의 감정을 같이 느끼고, 주변 사람을 배려할 수 있는 능력이다. 세계적 석학인 아인슈타인 박사가 지적인 연구업적에서는 뛰어났지만 대인관계 기술이나 다른 사람의 입장을 배려하고 감정을 읽을 수 있는 능력은 매우 부족하였고 가정에서는 폭군이었다고 한다. 결국 아내와 자녀들이 이를 견디지 못하여 그의 곁을 떠났고 마침내는 비극적인 생애를 보낸 개인의 생활을 볼 때 그가 결코 인생을 성공적으로 살았다고는 볼 수가 없다.

정서지능, EI는 우리가 IQ를 포함하여 기타 자신이 가지고 있는 제반 능력을 얼마나 잘 활용할 수 있는가를 결정해 주는 일종의 '초지능'이라고 할 수 있다. 우리는 어떤 사람이 똑똑하다, 멍청하다는 것을 나타내기 위해서 지능지수, 즉 IQ라는 측정개념을 사용하고 있다. 그래서 누구는 IQ가 '높다' 또는 '낮다'라는 말을 많이 쓴다. 정서지능(EI)도 높다, 낮다라는 말을 쓸 수 있기 때문에 지능의 측정개념으로 IQ를 사용하듯이 정서지능의 측정개념으로 정서지능지수(EQ: emotional quotient)를 개념화할 수 있다. 이렇게 볼 때 아인슈타인 박사는 IQ는 높았지만 EQ는 낮은 사람으로 볼 수 있다.

낮은 IQ, 높은 EQ의 L씨 : 얘가 바로 그애야 ?!

L씨는 자신의 초등학교 동기들 사이에서 시기와 부러움의 대상으로 자주 화제에 오르내리곤 한다. 초등학교 시절 그는 공부도 잘 하지 못했고 항상 코를 흘리며 씩씩하게 운동장을 뛰어다녔던 평범한 아니 어찌 보면 다소 '멍청한' 아이였다. 그도 그럴 것이 착하고 순진해서 다른 친구들이 어려움을 당하면 다 도와주었고 심지어 이것을 이용한 개구쟁이 친구들에게 심부름도 해주고 가방도 들어주는 등 골탕을 여러번 당했다. 친구들 사이에서 구김살 없고 의리있는 친구로 불리던 L

씨는 성적이 안 좋아 공고를 들어갔고 서로 학업의 선택이 달랐던 친구들과는 점차 연락이 끊어졌다. 성인이 되어 초등학교 담임 선생님의 회갑연에서 L씨를 본 친구들은 모두 '얘가 코흘리고 다니던 바로 개야?'라며 놀라움을 감출 수가 없었다. 그는 현재 자기가 살던 동네에서 꽤 괜찮은 카센터를 운영하며 행복하고 여유 있는 생활을 해 나가는 중년의 가장으로 변해 있었다. 친구들의 과거사를 들추며 험담을 하거나 세상 돌아가는 일에 침을 튀기며 욕을 하고 흥분을 하고 남의 생각은 아랑곳없이 자기자랑만 늘어놓는 친구들과는 달리 느긋하게 그런 이야기를 편견없이 듣고 있었다. 주변에서 일어나는 일이나 사람들에 대해서도 긍정적인 생각을 가지고 자기가 좀 손해를 보더라도 같이 일하는 사람들을 믿고 편안하게 대해 주어 속이 넓은 사람으로 평가받고 있다.

우리가 어렸을 때 '멍청이'라고 보았을지라도 정서지능의 수준이 높은 사람은 생활에 대해서 만족감이 크고, 인생길도 효과적으로 선택한다. 정서적인 면이 잘 개발되어 자신의 감정을 효과적으로 알아내어 관리하는 사람들, 다른 사람이 가지고 있는 감정의 종류를 잘 알고 효과적으로 대처하는 사람들은 제반 대인관계나 조직에서 성공할 가능성이 높고, 문제상황에서도 이를 잘 해결하고 대처해 나간다. 그리하여 그들은 정서지능이 낮은 사람에 비해서 우위를 나타낸다는 것이 여러 가지 증거를 통해 입증되고 있다.

IQ와 총체적 능력은 같은 것인가?

이런 관점에서 볼 때 학업적인 면과 관련된 언어나 수리능력을 주로 반영하고 있는 전통적인 IQ적 견해에 대해 많은 반론들이 제기되고 있다. 하버드대학의 심리학 교수인 하워드 가드너 박사가 쓴 '정신의 틀'(1983)이란 책에서 주장하는 바에 의하면 '성공적인 삶을 이끄는데 필수적이고 유일한 지능이란 있을 수 없으며, 일곱 가지의 주요한 변인으로 된 지능의 스펙트럼이 존재한다'고 한다. 이 일곱 가지 지능에는 표준학습지능인 언어능력과 수리능력, 예술가에서 볼 수 있는 공간지각력, 체육가들이 보이는 신체운동능력, 음악가에서 보이는 음악적 능력, 위대한 지도자나 사상가가 보이는 인간관계 능력, 그리고 마지막으로 중요한 개인의 삶을 진실된 감정에 조율시키려는 노력에서 나타나는 내적 만족감이 속한다. 이러한 다양한 지적 능력의 관점에서 어떤 것이 중요한 요소인가는 상황에 따라 다를 수밖에 없는 것이다.

그 동안 우리가 개인의 능력을 평가하기 위해 사용해 왔던 제반 적성검사나 IQ검사들은 기존의 편협된 지능의 개념에 바탕을 두고 있는 것으로, 이러한 측정치들은 IQ를 넘어서서 우리의 전반적인 삶에 영향을 미치는 실제 개인의 능력과는 그리 큰 관련이 없다는 사실을 가드너 교수는 '다중 지능 모형'에서 밝히고 있다. 그는 이렇게 말한다. "IQ가 160이면서도 형편없는 인간 내적 지능을 가진 사람과 IQ는 100이지만 높은 인간 내적 지능을 가진 사람이 있다고 할 때, 전자가 후자 밑에서 일하는 경우를 얼마든지 볼 수 있다. 요즘같이 변화가 심한 세상에서 인간 내적 능력만큼 중요한 것은 없다. 이런 능력이 갖추어져 있지 않는 사람은 자신의 결혼이나 직업 선택과 같은 중요한 결정시기에 잘못된 결정을 내리기 쉽다. 지금이라도 학교에서 아이들에게 가르쳐야 할 첫번째 항목은 바로 인간 내적 지능인 것이다."

가장 중요한 지능 : 인간 내적 지능

IQ만으로는 안 된다

최근 많은 서적, 잡지 등에서 정서지능에 대한 중요성이 많이 언급되고 있고 이를 이용해 특히 어린이를 상대로 한 각종 선전문구에서도 앞다투어 EQ의 위력을 그려내고 있다. 정서에 대한 연구의 역사는 매우 오래 되었지만 이에 대해 구체적으로 정서지능이란 개념을 처음 제시한 사람들은 1990년 예일 대학의 심리학자인 피터 셀로비와 뉴햄프셔 대학의 존 메이어이다. 셀로비 박사의 이론에 의하면 정서지능은 사회지능의 하위세트로서, 자신과 타인의 감정을 평가하고 표현할 줄 아는 능력, 자신과 타인의 감정을 효과적으로 조절할 줄 아는 능력 그리고 자신의 삶을 계획하고 성취하기 위해서 그런 정서를 이용하여 활용할 줄 아는 능력이라고 정의하고 있다. 즉, 정서지능에 포함된 능력에는 (1) 자신과 타인의 정서를 평가하고 표현하는 능력, (2) 자신과 타인의 정서를 조절하는 능력, (3) 정서를 적응적으로 활용하는 능력이 포함된다.

펜실바니아 대학의 심리학자 마틴 셀리그만 교수가 미국 최대의 생명보험회사인 메트로폴리탄 라이프사의 보험판매사원들을 상대로 한 조사에서 정서의 중요성이 잘 나타나고 있다. 여기서 셀리그만 박사는 낙관성이란 것에 초점을 두었는데, 정서지능의 관점에서 보면 낙관성이란 '아무리 험난한 과정에 처하더라도 무기력이나 좌절, 절망에 빠지지 않도록 자기를 지키는 자세'를 의미한다. 이 보험회사의 경우, 피보험자에게 거절을 당하는 것에 대한 공포로 판매사원의 3분의 1 가량은 입사한지 3년 이내에 사직을 하고 있었다. 그러나 셀리그만 박사가 조사한 바에 따르면, 천성적으로 낙천적인 사람들이 비관적인 사람들에 비해 입사 후 2년 안에 37% 더 많은 매출을 기록했다. 더욱이 이직률에서는 비관주의자들이 낙관주의자들에 비해 두 배가 넘었다. 기존의 IQ테스트에서는 자신에 대한 동기 부여도는 무시되어 왔다. 그렇기 때문에 지능이 높다는 것만으로는 학교성적에서의 우위는 예측할 수 있어도 학문적 분야를 벗어난 영역에서는 별다른 의미를 부여하지 못하고 있다고 할 수 있다.

왜 EQ가 중요한가

정서지능이란

셸 로비 박사는 앞에서 기술한 정서지능에 대한 그의 기본 정의에 가드너 박사의 인간적 지능을 포함시켜 정서의 능력을 다음과 같은 다섯 가지 범주로 확장시켜 설명하고 있다.

내가 느끼는 감정의 이름은?

자신의 정서를 인식하는 능력이 정서지능의 첫째 요인이다. 자신의 정서를 바르게 인식하는 능력은 매우 중요하고 이것은 자신의 심리적 상태에 대한 통찰과 이해를 바탕으로 이루어진다. 이것은 피상적으로 자기표현을 잘 하는 것과는 다르다. 피상적으로 자기표현을 잘 하는 사람은 스스로 자신이 감정처리에 있어 매우 능숙하다고 생각하면서 실은 우스갯소리나 즐거운 감정 등 대인관계 속에서 별다른 걸림돌이 되지 않는 느낌만 그런대로 인식하고 표현한다. 그러나 자신의 자존심이 조금이라도 상하여 기분 나쁜 감정이 생기면 이런 감정은 즉각적으로 억압하여 별 것 아닌 척, 또는 이 정도는 수용할 수 있는 마음이 넓은 사람인양 받아들인다. 물론 이런 감정을 유발시킨 상대방도 '이 사람이 그 정도의 상황에서는 정서적인 동요를 일으키지 않는 대범한 사람이구나'라고 생각하든지 또는 무심코 지나치게 된다. 그러나 이후로 당사자는 어쩐지 그 사람만 보면 별 다른 이유가 없는데도 기분이 편치않거나 그가 하는 이야기마다 못마땅하게 생각된다.

대범한 사람? 째째한 사람?

A씨는 남에게 평가받는 것에 대해 매우 민감한 사람으로 직장에서 딴 사람이 자기 기분대로 화를 내거나 자신의 일이 아닌 것을 떠맡겨도 '그래, 이 정도야 뭘' 하고 생각하며 아무런 내색을 하지 않고 지냈다. 그러나 계속해서 일이 이런 식으로 반복되자 그는 점차 회사에 오는 것이 부담스럽고 몸도 자꾸 무겁게 느껴지기 시작했다. 자신을 이렇게 함부로 대하는 주변 사람들에 대해 A씨의 인내가 한계에 다다른 것이다. 그러나 이런 한계상황에서 조차도 A씨는 '난 사소한 것엔 신경쓰지 않는 대범한 사람이야'라고 자신을 타이르고 있었다.

어느날 아침, A씨는 여전히 답답하고 편치않은 기분으로 일을 하다가 담배를 피우려고 일어섰다. 그때 옆자리의 동료가 "나가면 내 커피도 하나 뽑아와 줘"라고 말했다. 이때, A씨는 갑자기 정수리 끝이 뜨거워지면서 온 몸에 열이 확 올랐다. "내가 당신 커피나 뽑아주러 회사 나오는 줄 알아! 뭐 이 따위가 다 있어!" 자신도 통제할 수 없는 감정으로 마구 소리를 질러댔다. 주위 사람들은 너무 놀랐다. "아니, A씨에게 저런 면이 있어? 별 것도 아닌 걸 가지고 저러네…" A씨에게는 이 상황이 기분나빴던 게 아니다. 여태까지 못 마땅했던 억압된 감정들이 사소한 사건에서 한꺼번에 폭발해 버린 것이다. 그러나 이런 것을 전혀 알지 못하는 주변 사람들은 A씨의 감정폭발이 그 상황에서 매우 부적절하다고만 생각했다. 평소에는 더 심한 것들도 아무 말 없이 하더니 별 것도 아닌 일에 이런 광기어린 모습을 보이는 것이 이해되지 않았다. 이는 A씨가 이제까지 표현한 감정 자체가 진정하게 그 상황에 적절한 정서가 아니었기 때문이다. 이 사건으로 인해 A씨는 주변 사람들에게 너무도 챙피했고 '이런 모습이 또 다시 나타나면 어쩌나' 하는 두려움으로 더욱 더 자신의 솔직한 정서를 억압하는 악순환을 하게 되었다. 과거의 충동적인 모습을 보상하는 의미에서.

　이같이 자신의 정서를 제대로 인식하지 못하면 주변 사람들도 그 사람에 대해 제대로 파악하지 못하게 된다. 그리하여 주위에 있는 사람들은 그 사람을 아무렇게나 대해도 괜찮은 편한 사람으로 착각하여서 그 사람의 감정에 대해 신경쓰지 않고 행동하는 경우가 많아진다. 그러나 대부분의 사람들은 자신이 남들로부터 소홀하게 혹은 아무렇게나 취급당한다고 느끼게 되면 기분이 나빠진다. 아니, 내심에는 '나한테만은 특별 대우를 해주었으면' 하는 기대를 한다. 이런 자신의 마음의 움직임을 잘 알아 스스로 적절히 대처해야 다른 사람들도 자신의 정서 상태를 바로 인식하여 감정을 상하게 하는 일은 되도록 피하려는 배려를 해주게 된다. 즉, 무엇보다도 먼저 스스로 자신의 감정을 제대로 인식해야 삶을 편안하고 자연스럽게 영위할 수 있다. 무엇인가를 선택해야 하는 상황에서도 억눌린 감정의 지배를 받을 때에는,

실제로는 자신에게 손해가 되는 선택을 하는 경우가 많다. 그러나 자신의 정서상태를 제대로 파악하고 있으면 진정으로 자신에게 도움이 되고 원하는 바를 선택할 수 있게 된다.

내 감정을 내 마음대로

둘째, 자신의 정서를 조절하는 능력이다. 사람이 자신의 정서를 100% 조절하면서 사는 것은 어렵지만 인간이 태어나서 사회화가 되어 갈수록 뇌의 신경구조도 더욱 성숙해져 이에 따라 정서를 조절하는 능력도 증가하게 된다. 어린아이일수록 감정에 대한 통제가 잘 되지 않아 자신이 원하는 대로 되지 않으면 발버둥을 치며 울거나 소리를 지른다. 그러나 성장함에 따라 사회적 규범이나 도덕성을 내재화해 가면서 이런 행동들은 줄어들게 된다. 어른이 되어서도 감정을 조절하는 능력이 취약한 사람은 자주 감정적으로 흥분하고 싸움을 하여 다른 사람들로부터 외면당하거나 습관적인 폭력문제, 음주문제, 마약문제, 도박문제, 성문란 등에 봉착하게 된다. 가능한 한 감정의 조절을 잘 할수록 우리는 사회적 관계 속에서 사람들과 화합하며 더 높은 도약을 할 수 있다.

나도 알고 보면

셋째, 자신에게 동기를 부여하는 능력이다. 우리는 공부를 별로 잘하지 못하는 아이를 보면 흔히 '저 아이는 지능이 별로 좋지 못 할거야'라는 생각을 한다. 실제 임상장면에서 아이들의 지능검사를 할 때에도 학교성적이 별로 좋지 않은 아이일수록 자신의 지능이 높게 나왔을 때 그 사실에 대해 놀라워하고 의아해 한다. 또한 이런 아이들의 부모의 경우, 억지로라도 과외만 시키면 성적이 올라간다고 생각하여 결과적으로는 아이들과 감정적으로 더 심한 갈등을 겪게 되고 서로에 대해 이해할 수 없는 원망만 가중시키는 경우가 많다. 사람에게 자신의 장래목표를 향한 노력과 인내를 가능하게 하는 것이 동기이다. 지능이 100이상만 된다면 스스로에 대한 동기 부여 여하에 따라 일상속에서 힘들고 지루하다는 생각들을 극복하고 열정과 즐거움으로 생활할 수 있다.

너는 누구인가?

넷째, 타인의 정서를 인식하는 능력이다. 사람이 다른 사람과 더불어 지내는 데에 없어서는 안 되는 것이 바로 나와 함께 있는 사람이 현재 무엇을 느끼고 무엇을 원하는지에 대해 아는 능력이다. 이같이 타인의 정서를 잘 인식하는 사람은 남이 자신과 똑같은 선호나 기호를 가졌다고 착각하여 제멋대로 행동을 하고난 뒤에 상대방도 역시 좋았을 거라고 믿는 어리석은 행동은 하지 않는다. 어느 정도는 상황이나 사람을 객관적으로 볼 수 있는 능력, 이것 역시 다른 사람의 감정을 제대로 인식하는데 꼭 필요하다.

행복한 나 그리고 행복한 너

다섯째, 인간관계를 관리하는 능력이다. 이것은 두번째와 네번째 항목과 연관이 많은 능력이다. 인간관계를 영위하는 데에는 자신의 감정을 때에 따라 잘 조절하고 상대방의 감정도 잘 알아야만 한다. 자신의 감정에 따라 아무 때나 즐거워하고 화를 내거나, 다른 사람의 욕구와는 관계없이 잘 해주는 것은 사회적 관계 속에서 소외를 초래하는 행동이다. 인간관계를 관리하는 데에 꼭 필요한 또 하나의 요소는 어릴 때부터 가정생활 속에서 위의 능력들을 적절히 모방하고 학습하여 실제 또래관계 속에서 많이 연습을 해보는 것이다. 자신의 감정을 조절하고 남의 감정을 인식은 해도 자신감이 없어 또는 어떻게 해야 하는지를 몰라 머뭇거리다 숨어버리고 마는 사람들도 있다.

사람들이 이 5가지 분야에서 나타내는 수준은 각기 다르다. 즉, 어떤 사람은 자신의 불안은 잘 처리하면서도 타인을 잘 위로하지 못할 수 있다. 반대로 자기 감정의 흐름에는 둔감하면서 남에 대한 배려는 잘 하는 사람도 있다. 정서지능이 잘 개발될수록 우리는 건강하고 풍요로운 삶을 영위할 수 있다. 물론 정서지능의 어떤 능력이 지체되어 있거나 미숙한 경우에는 전문적인 상담이나 자기성찰과정을 통해 얼마든지 학습하고 향상시킬 수 있다.

EQ가 높은 사람과 IQ가 높은 사람

IQ와 EQ는 서로 상반된 능력이 아닌 별개의 능력이다. 우리 모두에게는 IQ와 EQ가 혼합되어 있다. IQ는 아주 낮아도 EQ만 높으면 풍요로운 삶을 살 수 있다는 것도 아니다. 같은 수준의 IQ를 지닐 경우 EQ가 높을수록 측정된 지적 능력에 비해서 보다 높은 질적인 생활을 선택하며 살 수 있다. 아래의 분류는 버클리 대학 심리학 교수인 잭 블록 박사가 '자아탄력성'을 측정하는 방법을 개발하여 높은

IQ를 지닌 사람과 높은 EQ를 지닌 사람을 비교한 것이다. 이러한 분류가 다소 극단적이기는 하지만 이를 통해서 우리는 IQ와 EQ가 각각 인간의 성질에 어떤 특징을 부여하는가를 알 수 있다.

지능적인 인간

지능만 높은 사람일 경우, 지적인 영역에서는 매우 뛰어난 반면 사람들과 잘 어울리지 못하고 독선적이며 정서적인 생활에서는 무능함을 보인다. 지능이 높은 남자들은 야심이 많고 성취욕이 너무 강하며 체계적이고 끈기있게 일을 진행한다. 여간해서는 모험을 하지 않고 개인적인 관심사에서 동요되지도 않는다. 대개 긍정적이기 보다는 부정적이고 비판적이고 까다로우며, 사생활에서도 지나치게 금욕적으로 성적인 느낌과 관련된 것은 불편해 한다. 냉정하고 자신의 속마음을 드러내지 않으며 정서적인 것들도 지적인 관점에서 주로 평가한다. 지능만 높은 여자들은 자신의 지적인 측면에 대한 자신감이 강하고 이와 관련된 표현이 자유롭다. 지적인 것에 많은 가치를 부여하여 다양한 지식추구에 매진한다. 매사에 심사숙고하고 대체로 내성적이며, 불안과 자책감에 쉽게 휘말린다. 자신의 분노를 직접적으로 표현하지 못한다.

정서적 인간

반면, EQ가 높은 남자들은 사회적으로 안정되어 있고 긍정적으로 살며 두렵거나 불안한 생각에 휘말리지 않는다. 책임감있고 윤리적이고 다른 사람을 배려할 줄 알며 인간관계에서도 화합적이고 봉사적이

다. 적절한 정서생활을 하면서 사람과의 관계 속에서 편안함을 느낀
다. EQ가 높은 여자들은 적극적이고 자신의 감정을 직접적으로 표현
하나 그 정도가 나중에 후회를 할 수준이 아니라 적절하다. 따라서 스
트레스상황에도 잘 적응한다. 스스로에게 대해 긍정적인 생각을 하며
사회적 안정감을 갖고 있기 때문에 새로운 사람들과 만나는 데에 자
신감을 가지고 있다. 활발하고 자발적이고 개방적이며 여간해서 조바
심을 내거나 자책감을 갖거나 고민하지 않는다.

사실 인간의 IQ와 EQ수준은 다양하겠지만 그래도 완전한 인간적
모습에 IQ보다 EQ가 더 중요한 역할을 한다고 볼 수 있다.

똑똑한 바보

특수 고교에 우수한 성적으로 입학한 O군은 최근 친구들과 잘 지내
지 못하며 학교생활에도 흥미를 잃어 가고 있었다. O군은 스스로에
대해 '아는 것이 많고 팀 작업시에도 많은 아이디어를 제시하며 적극
적이고 외향적이고 통솔력이 있다'고 생각하였고, 그래서 당연히 학
교에서 인기가 좋을 것이라고 믿었다. 그러나 실제 학교생활을 해 나
가면서 초기에는 잠시 자신의 생각만큼 재미있는 생활을 하였으나 점
차 친구들이 자신을 피한다는 것을 느꼈다. O군은 매우 화가 났고, 친
구들이 자신을 시기하여 외톨이로 만들려고 한다고 흥분하며 다투기
도 했다. 그러던 중 한 급우로부터 'O군은 친구들이 무조건 자신의
말에 복종하기를 원하고 남의 자존심을 상하게 하는 말을 자주 하기
때문에 그를 피한다'는 말을 들었다. O군은 그 말을 이해할 수가 없
었으며 친구들이 자신을 너무 몰라주는 것 같아 속이 상했다. 이런 고
민으로 학교생활이 점차 힘들어지고 성적도 자꾸 떨어졌다. 담임 선

생님과 부모님께 야단을 맞는 악순환이 계속되면서 최근에는 학교를 옮기고 싶다는 말을 부모님에게 하였다.

비슷한 IQ를 가지고 있다고 하더라도 그 사람의 정서상태에 따라 내재된 능력을 발휘하는 정도가 다르다. 비슷한 능력과 비슷한 학력을 갖춘 사람들의 운명이 달라지는 이유에 대해 IQ로는 거의 설명하지 못한다. 심리적인 갈등으로 인해 정서적 스트레스가 생기면 이로 인해 정신적 활동이 얼마나 많은 영향을 받는가를 보여주는 사례는 상담 장면에서 수도 없이 많이 볼 수 있다.

아브라함은 이삭을 낳고, 낮은 EQ는 낮은 EQ를 낳고

초등학교 2학년인 K양은 담임 선생님으로부터 지능검사를 받아 보라는 권유를 받고 상담실에 찾아왔다. 어머니의 말에 의하면 K양은 임신 기간 동안이나 유아기 때 별 문제없이 잘 자랐다. 4세 때부터 학습지를 시켰는데 처음에는 잘 하더니 점차 행동이 산만해져서 어머니는 '얘가 지능이 낮은 것이 아닌가' 하는 생각을 하게 되었다고 한다. 유치원에서도 친구들과는 그런대로 잘 어울리는데 선생님이 뭘 가르치기 시작하면 주의가 산만해지고 딴 짓을 했다고 한다. 초등학교에 가서는 수업시간에 아예 칠판을 보지 않고 혼자 딴 짓을 하든지 아니면 지우개를 잘라 다른 학생의 책상으로 던지는 행동을 하면서 시간을 보냈다. 학습분위기나 급우들에게 좋지 않은 영향을 주고 있는 K양을 보며 담임 선생님은 K양이 지능상 문제가 있는 아이라고 생각했다. 지능검사 결과 K양의 IQ는 97로 보통 수준으로 나왔다. 다른 검사로 K양이 불안과 우울감이 있고 사람에 대해서 부정적인 감정이 많으며 자신의 욕구를 거의 표출하지 못하고 무조건적으로 억압하는 성향이 있다는 사실이 나타났다.

검사 후 어머니와의 면담에서 K양의 발달과정 중에 문제가 드러났다. K양의 어머니는 집안의 첫아이인 K양에 대한 기대로 4세 때부터 학습지를 시키면서 아이에게 야단도 많이 쳤고 어머니 자신도 심한 스트레스를 받았다고 했다. 딴 집 아이들은 더 잘하는 것 같아 시간만 나면 아이를 앞에 앉혀 학습지를 시켰고 특히 멀쩡하게 잘 하다가 모른다고 할 때는 너무나 화가 났다고 했다. K양의 문제에 대해 상담자는 유아기 때 지나치게 스트레스를 받은 K양이 어머니와의 관계에서 악순환을 끊으려는 한 시도로 자극에 주의를 주지 않는 방법을 선택한 것으로 생각했다. 아이는 이같은 선택으로 처음에는 더 많이 혼났지만 점차 어머니는 아이의 지능이 낮다고 생각하여 스스로 아이를 체념하고 포기하게 되었다. 시간이 흐름에 따라 학습지에 대한 스트레스나 야단이 줄어든다는 것을 본능적으로 느낀 아이는 계속해서 주의산만한 모습을 보였고 결국 습관적인 행동으로 굳어진 것 같았다.

이와 같이 강력한 부정적인 감정 즉 우울, 불안, 분노감을 가지고 있는 사람들은 자신의 능력을 오로지 자기가 관심을 둔 분야에만 한정시켜 발휘한다. 그 이외의 것은 효율적으로 받아들이지도 않고, 받아들인 것을 제대로 처리하지도 못하게 된다. 현실적으로 다양한 갈등으로 인해 부정적인 감정이 확산될 때 이 감정의 힘이 너무나 강해서 우리의 모든 사고를 압도하고 그밖에도 해결해야 할 많은 과제에 적절히 주의를 기울이는 것을 방해한다. 예를 들어, 부모와 많은 갈등을 겪어 오고 있는 사람은 성장 후 사회생활에서도 부모처럼 자신에게 압박감을 준다고 생각되는 주변 사람들 특히 상사에 대해 자신도 이해할 수 없는 불만으로 직장에서 일을 잘하지 못하는 경우가 있다. 또한 부부관계가 아주 나쁜 집안의 자녀는 학교에 가서도 부모들이 혹시 자신이 없는 사이에 싸워서 어떤 문제가 일어나면 어쩌나 하는 불안으로 수업시간에 주의를 거의 기울이지 못하게 된다. 이상에서 보았듯이 우리의 감정이 사고나 행동을 방해하는가, 강화하는가에 따라 우리에게 잠재된 정신능력의 한계가 결정되고 그만큼 우리 인생에서 나타나는 성과도 다를 수 있다.

③ EQ마음과 IQ마음

인간은 합리적이고 이성적인 존재이다. 그러나 단순히 생각하고 추리하는 존재만은 아니다. 인간은 또한 느끼기도 한다. 분노의 감정을 가지기도 하고 누군가를 미워하기도 하고 사랑하기도 한다. 우리는 종종 감정에 휩싸여 어떤 일을 하고 난 뒤, 좀더 침착하게 판단하고 결정해야만 했다고 후회한다.

우리는 정서를 생각할 때 보통 의식적인 경험, 즉 느낌이나 감정을 생각한다. 그러나 의식적인 경험은 정서의 일부분이며 또 진화론적으로도 정서를 야기시키는 체계의 결정적인 기능이 아니다. 그렇다고 사랑이나 공포와 같은 의식적인 경험이 덜 현실적이라든지 덜 중요하다는 것은 아니다. 의식적으로 아는 정서와 의식적이지는 않지만 우리 몸이 표현하는 정서행동은 별개의 것이며 의식적으로 아는 정서가 정서행동에 비해 더 중요하다고 할 수는 없다. 예를 들면 공포를 느끼는 것은 위험에 대한 반응의 일부로서, 떨든지 도망치든지 땀을 흘리든지 가슴이 두근거리는 것과 같은 행동적인 반응이나 생리적인 반응보다 더 중요한 반응은 아니다.

정서의 위력

많은 경우, 우리의 깊은 곳에 있는 감정, 우리의 열정과 열망은 우리 인간의 생활을 이끌고, 우리에게 큰 힘을 발휘하게 한다. 그 힘은 대단하다. 생리심리학자들은 왜 정서가 인간의 정신에서 중심적인 역할을 하도록 진화되었는가에 대한 설명으로, 결정적으로 중요한 순간에 마음(정서)이 머리(이성)보다 우세하게 작용한다는 사실을 지적한다. 우리의 정서는 우리가 곤경에 처해 있을 때, 또는 이성만으로는 해결하기 어려운 중요한 과제에 직면했을 때 큰 힘을 발휘한다. 즉 위험에 처했을 때, 사랑하는 사람을 잃고 고통스러워할 때, 좌절에도 불구하고 계속해서 목표를 추구해 나가야 하는 상황에서, 배우자와 유대관계를 맺는 상황에서, 가정을 구성할 때와 같은 상황에서 큰 힘을 발휘한다.

정서의 신비스러운 예측력

어느 여름날 새벽, S씨는 가족을 차에 태우고 여름휴가로 동해안을 향해 떠났다. 영동고속도로에 난 산길에 접어 들었을 때 안개로 시야는 몇 m도 안 되는 듯했다. 희끗희끗한 안개 사이로 산 아래 낭떠러지가 보였다. S씨가 앞 차를 보려고 해도 안개 이외에는 거의 아무것도 볼 수 없었다. 그때 엄청난 불안이 몰려오면서 그의 심장은 터질 듯이 뛰었다. 불안은 공포로 바뀌었다. 그는 공포를 느껴 차를 길 옆에 세우고 안개가 조금이라도 걷히기를 기다리기로 했다. 얼마 후 안개가 조금씩 걷히면서 서서히 눈 앞이 보이기 시작했다. 그래서 그는 다시 출발했다. 가다 보니 여러 대의 차가 연쇄 충돌한 것이 보였고 차 안의 승객들이 구조되고 있었다. 그가 안개 속에서 계속 운전하고 갔더라면 그의 차 역시 충돌했을 것이다. 그때 느낀 공포 덕분에 그의 식구는 안전할 수 있었다.

공포라는 정서가 야기한 조심성이 그의 생명을 건졌다. 그는 공포로 도로 가에서 얼어붙어 있었다. 마치 여우가 지나가는 듯한 낌새에 구석에 꼼짝하지 않고 얼어붙는 토끼처럼 그는 내적인 정서상태에 의해서 차를 멈추고 다가오는 위험에 주의를 기울이게 되었다.

정서에는 여러 하위 정서들이 있으며 이들 각 정서들은 유기체를 행동하도록 준비시키는 역할을 한다. 또한, 인간생활에서 끊임없이 계속되는 도전을 잘 다루어 나가도록 방향성을 제공해 준다. 이러한 상황은 우리의 진화의 역사를 통해 계속해서 반복되었고, 정서의 생존가치는 인간정서(흔히 마음이라고 생각하는 면)의 선천적인, 자동적인 경향성이 우리 신경계에 구축되어 있는 것을 보면 알 수 있다.

인간의 본성에 있는 정서의 힘을 무시하는 것은 근시안적인 견해이다. 흔히 인간을 사고하는 종으로 강조하는데 이때 사고만 너무 강조하고 정서를 소홀히 보기 쉽다. 우리는 여러 경험을 통해서 중대한 결정을 하거나 순간적으로 중요한 행동을 해야 할 때, 감정(feeling)이 사고보다 더 크게 작용하는 경우를 종종 본다. 그런데도 우리는 순전히 이성적인 면이 지닌 가치와 중요성을 너무 강조해 왔다. IQ검사로 측정되는 지능은 정서가 흔들릴 때에는 제대로 그 힘을 발휘하지 못하게 된다.

정서가 이성을 압도할 때

우 리는 어떤 상황에서 자동적으로 일어나는 정서적 반응을 직접적으로 통제하지 못한다. 실제적으로는 느끼지도 않는 정서를 일부러 나타내려고 하는 사람이 있을 경우, 본인이든지 이를 보고 있는 주변 사람은 그런 시도가 얼마나 쓸모없는가를 알 것이다. 의식적으로 정서를 통제하기는 어렵지만 정서는 의식을 쉽게 압도할 수 있다.

옛날 옛적에

돌쇠는 호랑이가 나온다는 고개를 조심스레 넘고 있었다. 장에서 돌아오는 길이었는데 주위는 이미 어둑어둑해져 있었다. 이날 따라 손에는 무기로 쓸 만한 것은 아무것도 없었다. 돌쇠는 혹시 부근에 호랑이가 있지 않나하고 줄곧 신경을 곤두세우며 걷고 있었다. 그런데 가다 보니 길 한복판에 커다랗고 검은 호랑이가 보였다. 그는 너무 놀라 머리털이 곤두서고 온몸이 덜덜 떨렸다. 그대로 한 발자국도 움직일 수가 없어 돌쇠는 그 자리에 멈춰섰다. 호랑이도 전혀 움직이지 않았다.

그가 주위를 둘러보니 마침 알맞은 몽둥이가 하나 있었다. 그는 그것을 번쩍 쳐들고 호랑이를 향해 죽기살기로 내달았다. 힘껏 몽둥이를 휘둘러 쾅 하고 한 방 호랑이의 머리를 내리쳤다. 그런데 호랑이는 그대로 서 있었다. 그것은 시커멓게 그을려진 큰 나무 그루터기였기 때문에 꼼짝을 하지 않았다. 그는 아침에 장에 갈 때 그 옆을 지나갔던 것이 생각났다. 아! 나무였구나.

진화의 유산인 정서 중 한 가지인 공포는 우리로 하여금 자신이나 가족을 위험으로부터 보호할 수 있는 힘을 발휘하게 한다. 이같은 힘이 또한 돌쇠로 하여금 나무 몽둥이를 들고 표적물을 정확하게 맞히도록 했다. 이런 행동은 공포에 사로잡혀 표적물이 무엇인지 인식도 하기 전에 일어났다. 즉 그는 '이것이 무얼까?' 하며 정확하게 파악하려는 생각이 떠오르기도 전에 먼저 행동부터 했다. 공포가 이성을 압도하여 그는 생각도 하기 전에 일단 나무 몽둥이를 내리쳤다.

그런데 실제로 호랑이를 만난 상황이라면 돌쇠가 느낀 공포로 인한 한 행동이 돌쇠의 생명을 건졌을 것이다. 그런 경우 '호랑이처럼 보이는 물체가 호랑이일까 아닐까' 하는 생각을 하다가는 그 몇 분의 1초 사이에 호랑이한테 목숨을 잃게 되었을 것이다.

이런 자동적인 반응은, 오랜 기간 우리 조상의 생과 사를 결정짓는 행동이었기 때문에 우리의 신경계에 새겨졌다. 그리하여 이 유전자는 자손에게 이어지게 되었다. 그렇지만 또한 심한 정서로 인하여 K씨의 경우와 같은 불행한 사건이 생길 수도 있다.

1997년 3월 4일 저녁 뉴스에 강한 분노로 야기된 비극적인 사건이 보도되었다. 주벽이 심한 K씨는 3월 3일 또 술을 먹고 밤 늦게 집에 들어와 부부싸움이 일어났다. 그는 부부싸움 끝에 홧김에 LPG가스통을 안방으로 들고 들어가 폭발시켜, 본인 이외도 이웃사람 2명이 숨지고 10여 명이 중경상을 입는 사고가 일어났다. 자신의 분노를 억제하지 못한 결과 자신과 이웃의 생명을 잃게 했다.

우리 사회가 문명화되어 가면서 이성적으로 감정을 자제하거나 제한해야 할 중요성이 인식되었고, 이를 위해 여러 가지 규제가 생겨났으며 또한 다양한 교육을 실시해 오고 있다. 그럼에도 불구하고 때때로 정서가 이성을 압도한다. 이는 정서가 인간 정신생활의 기본적인 생물학적인 구성물인 신경계에 의해서 일어나기 때문이다.

정서와 진화

인류 진화의 초기에는 유아가 어린이가 될 때까지 생존하는 경우가 적었으며 몇몇 성인만이 30대까지 살았다. 포식동물은 언제라도 인간에게 덤벼들 수 있었으며 가뭄과 홍수로 굶주림이 많았고 생존의 확률도 매우 낮았다. 농업이 생겨나고 인간에게 원시적인 형태의 사회가 생겨나면서 인간이 생존할 수 있는 기회는 극적으로 증가했다.

외적 환경의 변화와 더불어 우리 조상이 생존해 가는데에 있어 정서적 반응은 매우 가치있는 것이었다. 생존적 가치 때문에 정서적 반응은 진화하여 우리의 신경계에 새겨지게 되었다. 옛날 우리 조상들에게는 돌쇠한테 일어난 것과 같은 굉장한 공포반응이 생존에 결정적인 기회를 제공해 주었다.

정서에는 여러 유형이 있으며 이 여러 유형의 정서는, 각각 그 고유한 이유로 진화된 개별적인 신경계에 의해서 매개된다. 우리가 위험

에 대해 방어할 때 사용하는 시스템은 우리가 자손을 낳고 기르는데
사용하는 시스템과는 다른 것이다. 이런 시스템들이 활성화되면 느낌
이 일어난다. 공포와 성적인 쾌감은 같은 시스템에서 야기되는 것이
아니다.

내 안에 있는 두 가지 마음

직장 상사가 그 부하직원에게 야단을 쳤다. 그리고는 '왜 야단
치는지 이해할 수 있느냐'고 물었더니 '야단 맞는 것이 당연
하다고 생각합니다. 말씀하신 것을 다 이해할 수 있습니다' 라고 대답
했다. 그러나 그 직원의 목소리는 약간 떨렸고 그는 주먹을 꽉 쥐고
있었다.

시원? 섭섭?

S부인은 친구를 만나서 자신의 이혼에 대해서 이야기했다. 남편과
이혼해서 시원하다고 말했다. 그녀의 남편은 젊은 여자와 사랑에 빠
지게 되었고, 갑작스럽게 이혼하고 싶다고 말했다. 그녀는 몇 달 동안
집문제, 위자료문제, 자녀양육권 문제 등으로 힘들게 보냈다. 지금에
와서 그녀는 자신이 독립해서 좋고 그래서 요즘은 행복하다고 말했
다. 그러나 그녀는 이런 말을 하면서 눈에 눈물을 글썽그렸다.

부하직원은 화가 나지 않았다고 말했지만 주먹을 쥔 손과 떨리는
목소리는 그가 분노를 느낀다는 것을 나타낸다. 이혼한 부인은 슬프
지 않다고 말했지만 눈물은 그녀의 슬픔을 나타낸다. 말은 이성적인

마음의 작용이고 신체적 반응은 정서적인 마음의 작용이다. 어떤 의미에서 우리는 두 마음을 가지고 있다고 할 수 있다. 생각하는 마음과 느끼는 마음이다. 기본적으로 서로 다른 두 가지 마음이 상호작용하여 우리의 정신적인 삶을 구성하는 것이다. 그 중 하나인 이성적인 마음은 우리가 전형적으로 의식하는 이해방식이다. 이는 생각하고 반성할 수 있다. 그러나 또 다른 체계는 충동적이고 강력하고 때때로 비논리적인 정서적인 마음이다.

정서적인 것과 이성적인 것 간의 이분법적인 방식은 보통 사람들이 알고 있는 '느끼는 가슴'과 '생각하는 머리' 간의 구분과 비슷하다. '가슴으로' 옳다고 아는 것은 '머리로' 하는 확신과는 다른 것이다. 가슴으로 옳다고 아는 것은 이성적인 머리로 생각하는 것보다 더 깊은 종류의 확신이다.

이 두 가지 마음인 이성적인 마음과 정서적인 마음은 대부분의 경우 조화롭게 작용한다. 보통 정서적인 마음과 이성적인 마음은 균형을 이루어서, 정서는 이성적인 마음에 자양분을 공급하고 정보를 제공한다. 이성적인 마음은 정서를 세련되게 하고 때때로 정서적인 충동을 억누른다. 정서적인 마음과 이성적인 마음은 어느 정도 독립적으로 기능하는데 이는 앞으로 보게 되겠지만, 이 두 마음은 서로 다른 그러나 상호연결된 뇌회로의 작용을 통해서 일어나기 때문이다.

많은 순간 이러한 마음들은 협동적으로 작용한다. 감정은 사고에 필수적이고 사고는 감정에 필수적이다. 그러나 열정이 둘의 균형을 깨뜨려서 때로 정서적인 마음이 주도권을 잡고 이성적인 마음을 압도한다.

4
정서적 뇌와 이성적 뇌

뇌는 어떻게 진화했는가

여러분의 감정이 이성을 압도한 경험이 있는가? 어떻게 정서가 이성을 압도하는 일이 종종 일어나는가? 왜 정서적인 마음과 이성적인 마음이 그렇게도 쉽게 갈등상태에 있는가를 이해하기 위해서 뇌가 어떻게 진화해 왔는가를 살펴보자. 인간 성인의 뇌는 약 1400-1500g이다. 진화의 과정을 겪는 동안 이미 가지고 있던 오래된 뇌구조물에서부터 더 고등한 뇌구조물이 성장한다. 그리하여 고등한 뇌구조물은 더욱 오래된 하등한 뇌구조물보다 정교한 기능을 담당하게 되었다.

생명의 중추: 뇌간

뇌의 가장 원시적인 부분은 뇌간(brainstem)으로, 척수의 꼭대기부분을 싸고 있다. 이 원시적인 뇌는 생득적이고 경험에 의해서 변화하지 않는 고정적인 반응과 동작뿐 아니라 숨쉬기, 신체 다른 기관의 신진대사와 같은 기본적인 생명기능을 조절한다. 그러나 이 뇌부위는 그 종(species)의 선조로부터 물려받은 정형화된 행동만을 할 수 있다. 원시적인 뇌는 사고를 할 수 없다. 이 뇌는 파충류시대에 전성기를 누려 파충류뇌라고 부르기도 한다. 뱀은 자신을 공격하는 대상이 나타나면 위협적으로 쉭쉭거린다. 뇌간이 바로 이런 행동을 담당한다.

원시적인 뿌리인 뇌간에서부터 정서적인 뇌중추가 나타났다. 진화과정에서 이 정서적인 뇌영역으로부터 사고하는 뇌인 신피질이 진화되었고, 뇌의 가장 바깥부분을 쭈굴쭈굴하게 싸게 되었다. 사고하는

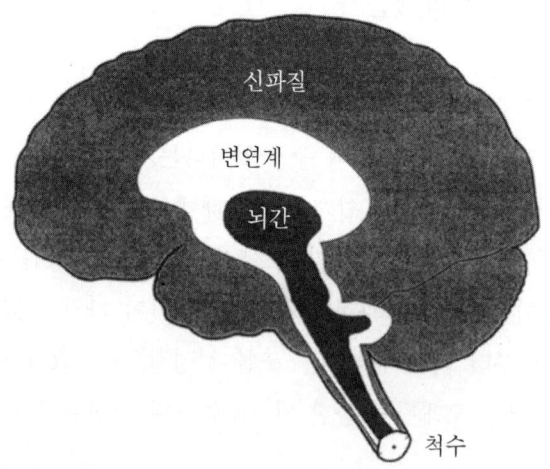

〈그림 4-1〉 뇌의 진화. 뇌의 가장 원시적인 부분은 뇌간으로, 척수의 꼭대기부분을 싸고 있다. 이 뇌는 생득적이고 고정적인 반응과 동작뿐 아니라 숨쉬기 등 기본적인 생명기능을 조절한다. 뇌간에서 정서적인 뇌인 변연계가 나타났다. 정서뇌에서 사고하는 뇌인 신피질이 진화되어 뇌의 가장 바깥부분을 쭈굴쭈굴하게 싸게 되었다.

뇌가 정서적인 뇌로부터 발달했다는 사실은 사고와 정서간의 관계에
대해 많은 것을 밝혀준다:사고하는 뇌가 있기 전에 정서적인 뇌가 있
었다(그림4-1).

정서적인 뇌: 변연계

정서의 가장 오래된 뿌리는 후각과 관련된다. 영양분이든 독이든,
성적 배우자이든지 포식자이든 먹이든간에 그것의 독특한 분자는 공
기 중에 있는 냄새로 운반된다. 원시시대에 후각은 생존에 가장 중요
한 감각이었다.

후각에 대한 뇌중추인 후각망울(olfactory bulb)로부터 정서적인 뇌
중추가 진화하기 시작하여 뇌간의 꼭대기부분을 싸게 되었다. 이 뇌
부위들은 뇌간의 바깥을 싸고 있다고 하여 변연계(limbic system)라고
한다.

진화함에 따라 변연계는 두 가지 강력한 도구를 쓰게 되었다. 그것
은 학습과 기억이다. 즉 새로운 정보를 배우고 배운 정보를 저장했다
가 새로운 상황에 다시 이용하는 능력이 생겨났다. 이러한 혁신적인
발전으로 동물은 생존과 관련된 상황에서 이전보다 더욱 세련되게 새
로운 선택이 가능해졌다. 변화하는 환경적인 요구에 대해 고정적이고
자동적인 반응을 하기 보다는 그 반응을 미세하게 조정할 수 있게 되
었다.

만약 어떤 음식을 먹고 아프게 되었다면 다음에는 그 먹이를 피할
것이다. 무엇을 먹을 것인가, 무엇을 내뱉을 것인가를 결정하는 것은
주로 냄새를 맡고 한다. 냄새를 담당하는 후각뇌와 변연계간 연결은
이제 새로운 과제를 떠맡아, 여러 가지 냄새를 맡을 수 있고 구별할

수 있는 것에 더하여 현재 있는 냄새를 이전의 냄새와 비교하고 좋은 것과 나쁜 것을 식별할 수 있게 되었다. 이러한 일을 하는 후각뇌는 변연계의 일부이다. 변연계는 사고하는 뇌인 신피질의 기초가 된다.

이성적인 뇌: 신피질

변연계 위에 신피질이 발달하면서 현재와 미래를 위한 계획을 세울 수 있게 되었고 지각한 것을 이해하고 운동을 협응시키게 되었다. 뇌간이나 변연계와는 대조적으로 신피질은 지적인 기능을 수행하게 되었다.

인간은 이 신피질이 매우 발달하여 다른 동물과 구별되게 되었다. 신피질은 사고가 자리잡고 있는 장소이다. 모든 종류의 감각을 통합하고 이해하는 최고위 중추이다.

진화과정에서 신피질로 인해서 유기체는 역경을 헤쳐나가는 엄청난 능력을 발휘할 수 있게 되었다. 그리하여 그 자손은 동일한 신경회로를 포함하고 있는 유전자를 후세에 전할 가능성이 더 많아졌다. 이 생존적인 이득은, 장기적인 계획을 세우고 여러 가지 정신적인 계략을 짜는 기능을 담당하는 신피질로 말미암은 것이다. 그리하여 우리 인간은 인간만의 독특한 예술과 문명, 문화를 발달시키게 되었다.

정서적 뇌와 이성적 뇌의 연결

왜 뱀은 자기 새끼를 잡아먹을까?

신피질과 변연계의 연결로 말미암아 우리가 사고하고 있는 것에 대해 감정을 가지게 되었고 또 어떤 아이디어, 예술, 상징, 심상에 대해서도 감정을 가지게 되었다. 신피질로 인해서 정서생활에도 미묘한 차이가 생기게 되었다. 변연계에서 쾌락의 감정과 성적인 바램이 생겨났으며 이 정서들은 성적인 열정에 에너지를 공급한다. 신피질과 변연계 간의 연결은 가족단위의 기초가 되는 어머니와 아이 간의 유대를 가능하게 하고 인간발달을 가능하게 하여 어린이가 장기간 부모에게 의존하는 것을 가능하게 하였다. 파충류처럼 신피질이 없는 종에게는 당연히 새끼에 대한 어미의 애정이 없다. 그리하여 파충류 새끼는 자신의 어미한테 잡아먹히지 않기 위해서 알에서 깨어 나오자마자 숨어야 한다.

계통발생학적으로 파충류에서 원숭이, 다시 인간으로 올라오면서 신피질의 양은 증가한다. 이 증가와 더불어 뇌회로에서의 상호연결도 증가한다. 이 연결의 수가 많아질수록 가능한 반응의 범위도 넓어진다. 신피질로 말미암아 정서는 더 정교해지고 복잡해졌다. 그 결과 우리의 감정에 대한 감정도 가질 수 있게 되었다. 어떤 다른 종보다 영장류에서 신피질:변연계의 비가 커졌으며 그리고 그 비는 인간에서 가장 크다. 그리하여 우리는 우리의 정서에 대해 더 많은 반응을 나타낼 수 있게 되었다. 또한 아주 미묘한 정서적인 차이를 알 수 있게 되었다. 공포에 대한 반응의 경우에서 토끼나 원숭이는 전형적인 공포반응이 제한되어 있는데 인간은 신피질로 인해 공포의 반응수가 훨씬 많아졌다. 사회구조가 복잡할수록 더 많은 융통성이 필요하다는 사실에 비추어 볼 때, 우리 사회보다 더 융통성이 필요한 사회가 어디에 있는가?

그러나 이러한 고차중추들이 모든 정서적인 삶을 지배하지는 않는다. 결정적으로 중요한 문제에서, 특히 정서적인 위급상황에서 고차중추들은 그 결정을 변연계에 맡긴다. 많은 고차적인 뇌중추들이 변연계에서 확장되어 뻗어나왔기 때문에 정서적인 뇌인 변연계는 신경계에서 결정적으로 중요한 역할을 한다. 신피질이 진화한 뿌리로서의 정서적인 뇌는 신피질의 모든 부분과 엄청난 연결회로에 의해서 상호연결되어 있다. 그리하여 정서적인 뇌는 사고하는 뇌중추를 포함한 뇌의 나머지 부분의 기능에 막대한 영향력을 행사한다.

정서와 변연계

한 가설에 의하면, 우리의 정서는 주로 변연계의 산물이며 신피질 중 전두엽은 정서를 통제하며, 외현적으로 표현되는 표정이나 제스처 등의 구체적인 정서형태를 나타내게 한다.

나홀로 집에

당신이 한밤중에 혼자 집안에 있다고 상상해 보라. 책상 앞에 앉아 책을 읽고 있는데 갑자기 집안에서 발자국 소리가 들리는 듯한 생각이 들었다. 그 순간 가슴이 두근거리고 피가 머리로 솟구치는 것 같다. 이때 당신은 '누가 있지? 집에는 나 혼자 있는데...누구지?' 라는 생각을 한다. 이런 생각이 신피질의 전두엽에서 변연계를 통해 다른 뇌부위로 거쳐 간다. 왜 발자국 소리같은 게 들리는가 조사하기 위해서 책상에서 일어난다면 이는 신피질에서 운동을 명령한 것이다.

그런데 종종 구체적으로 생각하기도 전에 두려움이 먼저 일어난다. 이때 누군가가 등 뒤에서 갑자기 '악' 하고 소리를 크게 질렀다면 우리는 펄쩍 뛴다. 장난이었다는 것을 알고 난 후에도 가슴은 계속해서 두근거린다. 이러한 것은 변연계로 말미암아 일어나는 반응들이다.

정서반응과 편도체

변연계의 한 구조물인 편도체(그 모양이 복숭아씨처럼 생겼다고 하여 편도체라 한다)는 혐오적인 자극에 대한 정서반응을 일으키는데 결정적인 역할을 한다. 그리하여 분노, 공포, 슬픔, 놀라움, 불쾌, 불안과 같은 정서를 지배한다.

공격은 변연계, 특히 편도체에서 일어난다고 보는데 이런 공격 행동이 신피질에 의해서 조절된다. 그렇다면 사회에서 용인될 수 없는 폭력범죄를 저질른 사람의 뇌에서는 공격을 담당하는 뇌가 비정상적일까? 공격을 담당하는 뇌가 비정상적으로 크게 작용하여서 그럴 수도 있고, 공격을 담당하는 뇌는 정상적이나 이를 통제하는 신피질의 작용이 약해져서 그런 공격행동이 일어날 수도 있다.

술을 마시면 기분이 좋아진다?

'알코올이 흥분제인가 억제제인가' 라고 물으면 대부분의 사람들은 흥분제라고 말한다. 그런데 사실은 억제제이다. 사람들 중에는 정신이 멀쩡할 때에는 공격적인 모습을 전혀 보이지 않다가 술만 먹으면 아주 사소한 일에도 마구 화를 내거나 시비를 거는 사람이 있다. 이같은 행동은 알코올이 신피질을 억제하여 나타난 결과이다. 평상시에 신피질은 공격성을 담당하는 뇌부위를 억제하는데 그 억제력이 음주로 인해 작용하지 못하게 되어 공격적이 된다.

참을 수 없는 화

변연계에 문제가 생긴 경우에도 아주 잔인한 행동을 하게 되는 수가 있다. 1980년, 21세인 래리버스는 이틀 전 여자친구의 2살된 딸을 돌보고 있다가 아이가 끊임없이 울자 통제력을 잃게 되었다. 그는 수초 동안 극도로 분노하여 아이가 의식을 잃을 때까지 때리고 목을 졸랐다.

그는 몇 년 전에도 부부싸움으로 통제력을 잃고 아내를 때려서 그의 결혼생활이 끝장난 과거가 있다. 그에게 분노를 폭발하게 된 순간을 물어보면 사건이 일어난 구체적인 상황에 대해서 정확하게 회상하지 못한다.

"내가 아내를 때릴 때에는 이미 나는 나의 감정을 통제할 수 없는 상태에 있습니다. 차가 빙판에서 미끄러지는 것과 같이 모든 통제력을 잃게 되고 이때에는 어느 누구도 나를 멈추게 할 수 없습니다. 한바탕 소동을 벌이고 나면 나는 심하게 자책을 하게 되고, 나중엔 울면서 아내에게 용서를 빕니다."

이 사람은 짜증과 충동이 일어나면서 예측할 수 없는 방향으로 성질이 폭발한다. 그의 뇌를 검사한 결과, 오른쪽 편도체가 자리잡고 있는 오른쪽 측두엽 끝에 종양이 생겨 있었다. 마침 양성이라 수술을 하여 종양을 제거하였다. 그후 그는 폭력을 휘두르지 않고도 좌절을 극복할 수 있었다.

EQ뇌와 IQ뇌

으악! 뱀이다

산길을 가다가 뱀처럼 생긴 물체를 보았다고 하자. 이때 우리는 생각할 겨를도 없이 눈 앞이 아찔해지면서 가슴이 두근두근할 것이다. 우리가 어떤 물체를 눈으로 보면 그 정보는 눈에서 뇌에 있는 시상이라는 뇌구조물로 간다. 거기에서 일부는 대뇌 신피질을 거치지 않고 곧장 편도체로 간다. 위협적인 상황의 경우, 바로 이 편도체를 통하여 가슴이 두근거리는 등 여러 가지 불안반응을 일으키게 된다. 이 신경로는 빠르기는 하나 불완전한 정보를 전달한다.

아! 나뭇가지구나

시상에서 대부분의 정보는 대뇌 신피질로 간다. 위의 사례에서는 신피질에서 그 물체가 뱀이 아니라는 것을 알아차린다. 그리고는 마음이 편안해진다. 즉 이 회로를 통해서 정보는 시상에서 신피질 중 시

각피질로 가서 그 물체를 인식한 후 다시 그 정보는 신피질의 의사결
정중추인 전전두엽으로 간다. 이 곳에서 다시 편도체로 정보를 보내
어 더 이상 잘못된 공포반응을 일으키지 않게 한다. 신피질을 거쳐서
편도체로 오는 이 회로는 느리지만 정확한 정보를 보낸다(그림4-2).

앞에서 돌쇠의 경우, 갑자기 호랑이처럼 생긴 물체를 보자마자 무
엇인가 제대로 인식도 하기 전에 먼저 가슴이 두근거리고 머리털이

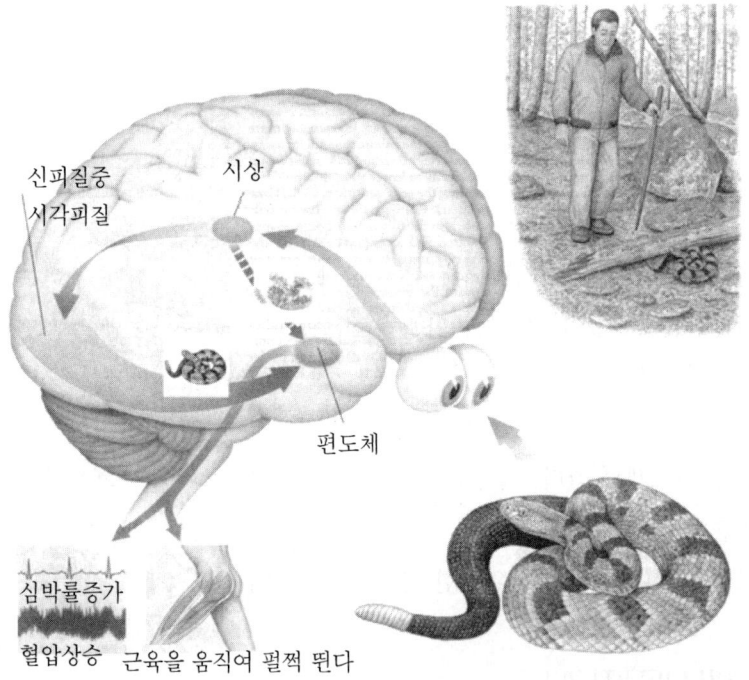

〈그림 4-2〉 눈에서부터 신피질을 거쳐 편도체로 가는 길과 신피질을 거치지 않고 곧
장 편도체로 가는 길. 산길을 가다가 뱀처럼 생긴 물체를 보면 그 물체에 대한 정보는 눈
에서 뇌에 있는 시상으로 간다. 거기서 일부는 신피질을 거치지 않고 곧장 편도체로 간다.
이 회로는 빠르지만 불완전한 정보를 전달한다. 정확히 뱀인가가 파악되기 전에 펄쩍뛰어
그 물체에서 멀어진다. 이때 가슴은 두근두근하고 혈압은 오른다. 한편 시상에 간 정보는
대뇌 신피질로 가서 그 물체가 뱀이 아니라고 정확하게 알아차린다. 정확하지만 느린 정
보이다. 그 정보가 신피질에서 편도체로 전달되어 얼마 후 마음이 진정된다.

곤두서고 온몸이 덜덜 떨렸다. 그 물체에 대한 정보가 눈에서 시상을 통해 곧장 편도체로 가서 정확히 파악하기도 전에 이런 반응을 일으켰다. 한편 시상에서 신피질로 간 정보는 '이것이 호랑이인가 나무 그루터기인가'를 판단한다. 신피질에서 '그것이 나무 그루터기다' 라고 느리지만 정확하게 판단하여 그 정보가 편도체로 가서 얼마 후에는 마음이 진정된다.

얼굴만 봐도 기분나빠지는 사람이 있다고 할 때, 이 사람을 보게 되면 먼저 얼굴이 눈에 비치고 이 정보는 눈에서 시상를 거쳐 신피질에 있는 시각영역에 가서 누구라는 것을 알게 된다. 그 후 그 정보가 편도체를 거쳐 불쾌와 관련된 여러 신체반응을 일으키게 된다.

사람만 보면 화를 내는 한 원숭이에게 한쪽 편도체를 수술로 제거하였다. 그후 이 원숭이는 절제된 편도체와 관련된 쪽으로 사람을 보면 사람인 것을 알면서도 전혀 분노를 나타내지 않았다.

자신을 당황하게 하는 사회적 상황같은 것은 신피질 중 전두엽에서 인식한다. 전두엽과 정서를 담당하는 편도체간에 연결이 끊어지게 되면 당황스런 상황에서도 이와 관련된 정서가 일어나지 않는다.

변연계와 신피질

정서와 관련된 뇌 특히 변연계와 신피질의 일부인 전두엽 간에는 광범위한 연결이 있다. 전두엽이 손상되면, 환경으로부터 오는 신호를 통합하거나 중요한 순위를 결정하고 균형된 결정을 할 수 있는 능력이 손상된다.

사회적인 상황을 인지하는 전전두엽인 신피질과 변연계간의 연결이 끊어지면 사회적 상황에 대한 이성적인 판단은 하되 정서에는 전혀 영향을 주지 못하게 된다. 또 전두엽이나 다른 신피질이 변연계와의 연결을 통해 정서를 통제하는데, 이 연결이 끊어지거나 약해지면 행동은 변덕스럽고 예측할 수 없게 된다.

편도체와 정서기억

편도체는 정서적 요소를 지닌 기억에도 중요하다. 오랜만에 찾아본 고향에서 어릴 때 다니던 초등학교를 둘러 보았을 때 밀려오는 어떤 느낌들, 자신이 싫어하는 사람과 비슷한 사람을 힐껏 보기만 해도 속이 뒤틀리는 현상, 이런 것들은 편도체가 작용해서 나타난다. 이미 그런 정서가 편도체에 의해서 저장되어 있다가 자극을 받고 정서가 기억된 것이다.

이유없는 감정 : 무의식적 정서기억

변연계를 구성하는 뇌구조물 중에서 편도체와 밀접한 관계를 지니고 있는 구조물로 해마가 있다. 해마는 의식되는 기억을 담당하는 뇌부위로 알려져 있다. 기억을, 몇 초에서 몇 분 이내에 사라지는 단기기억과 몇 시간, 며칠, 몇 년 혹은 영원히 기억되는 장기기억으로 나누어 생각할 수 있는데, 해마는 의식되는 기억을 단기기억에서 장기기억으로 변환시키는 장소이다.

해마가 손상되거나 제거되고 없는 사람들은 뇌손상 전의 일들은 잘 기억하고 있지만 손상 후에 일어난 일들은 거의 기억하지 못한다. 손상후에 경험들이 단기기억에서 장기기억으로 굳어지지 않는다. 그렇기 때문에 뇌손상 후 부모가 돌아가신 사실이나 자신의 노화까지도 기억하지 못한다. 27세 때 치료 목적으로 해마가 제거되고 현재 73세가 된 H.M.이라는 사람은 거울을 통해 자신의 늙은 모습을 보면서도 그 모습이 자신인지 알아보지 못한다. 얼굴을 손으로 만져보고야 비로소 자신인지 알게 되고 그 때서야 매우 놀라며 비통해 한다. 그런데 이 비통한 생각마저도 몇 초만 지나면 잊어버린다.

해마와 정서기억간의 관계는 의식되는 기억(외현기억이라고 함)과 의식되지 않는 무의식적 기억(암묵기억이라고 함)의 차이로부터 살펴볼 수 있다. 의식되는 기억은 우리가 무언가를 회상하려고 의도적으로 노력할 때 떠오르는 기억을 의미하고, 무의식적 기억은 회상하려고 의도하지 않았는데도 떠오르는 기억 중에서 의식하지 못하는 기억을 의미한다. 예를 들어 기억상실증 환자들은 방금 전에 본 것을 전혀 기억하지 못한다. 그러나 기억하지 못하는 것과는 달리 한번 본 것을 다시 볼 때에는 그것을 알아보는 속도가 빨라지며, 한 번 본 것을 처음으로 보는 것에 비해 더 좋아한다. 이렇게 의식적으로는 본 것을 기억하지 못하면서도 과거에 본 경험이 현재의 기억에 영향을 미치는 것을 무의식적 기억이라고 한다. 즉 기억상실증환자에게 남아 있는 기억능력이라고 할 수 있다.

만일 당신이 과거에 커다란 교통사고를 당한 경험이 있다고 하자. 그때 당신은 삑하는 브레이크가 걸리는 소리를 들은 직후에 심한 고통과 불쾌감을 경험했을 것이다. 상당한 시간이 흘러 교통사고의 상처가 다 치유된 후, 다시 브레이크의 삑하는 소리를 들으면 어떤 느낌이 생길까? 교통사고시의 소리를 다시 듣는 것은 당신의 의식적 기억과 무의식적인 기억을 모두 활성화시킨다. 삑소리는 공포자극이 되어, 여러분의 편도체를 자극함으로써 여러분의 몸은 무의식적으로 과거의 위험한 상태에 있는 것처럼 된다. 근육은 긴장되고, 혈압은 올라가며, 심장은 빨리 뛰고, 식은 땀이 흐를 것이다. 또한 삑소리가 해마를 자극함으로써 당신은 과거의 교통사고를 기억하게 될 것이다. 어디서 어떻게 사고가 났는지에 관한 기억이 회상되어 의식될 것이며 그 사고가 얼마나 끔찍했는지도 기억하게 될 것이다. 그러나 끔찍한 사고였다는 기억은 정서나 느낌은 아니다. 예컨대, 우리는 사랑하는 느낌없이 사랑을 논리적으로 알 수 있고 싫어하는 느낌없이 싫어하는 것이 무엇인지 알 수 있다.

정서경험에 대해 아는 것은 해마가 하는 일이고 느끼는 것은 편도체가 하는 일이다. 따라서 과거에 발생한 교통사고가 끔찍했다는 사실과 끔찍했다는 느낌을 가지기 위해서는 해마와 편도체가 동시에 활동을 해야 한다. 정서는 정서경험에 대한 외현적 기억과 암묵적 정서기억으로 나눌 수 있고 보통의 경우 두 기억은 동시에 발생하여 하나의 기억처럼 기능한다. 동물 실험에서는 인위적으로 외현기억과 암묵기억을 분리해서 관찰할 수 있고, 사람의 경우도 편도체나 해마가 선별적으로 손상된 경우를 통해서 외현기억과 암묵기억을 관찰할 수 있다.

의식되는 정서기억은 시간이 지남에 따라 잊혀지는 속도가 빠르다. 위의 교통사고의 경우, 세월이 흐름에 따라 교통사고의 많은 부분은 망각된다. 그러나 무의식적 정서기억은 거의 잊혀지지 않는다. 삑하는 브레이크 소리가 들려도 당신은 더 이상 과거의 교통사고를 생각하지 않는다. 그러나 삑하는 소리에 당신의 몸은 비상상태와 같은 반응을 한다. 왜 그런지 이유를 잘 모르면서 불안해지고 공포를 느끼며

화가 나기도 하는 경우 무의식적 정서기억만이 활동하고 있을 가능성
이 높다.

2살 때 나는 무엇을 하고 있었나? : 유아기 기억상실증

당신은 2살 때 자신의 생일날 무엇을 하고 있었는지 기억할 수
있는가? 3살되던 해 생일에 무슨 옷을 입고 있었고 4살 때
주 관심거리가 무엇이었는지 기억할 수 있는가?

일반적으로 사람들은 4살 이전의 일들은 거의 기억하지 못한다. 이
런 현상을 유아기 기억상실증이라 부른다. 프로이트는 유아기 기억상
실증이란 유아기 시절에 지녔던 사회적으로 용납되지 않는 원초적 욕
망에 대해 자아를 보호하기 위해서 이런 욕망을 무의식 속에 집어넣
는 과정에서 유아기 시절의 지식과 기억이 함께 무의식화됨으로써 생
기는 현상이라고 설명했다.

뇌를 연구하는 학자들은 해마와 편도체의 성숙하는 속도 차이가 유
아기 기억상실증을 설명할 수 있다고 본다. 해마는 뇌의 다른 영역에
비해 성숙 속도가 느리며 약 4세 정도가 되어야 완전히 성숙하여 제
역할을 할 수 있다. 따라서 4세 이전의 일들은 단기기억에서 장기기억
으로 넘어가기가 어려워 의식기억이 되기 어렵다. 이에 비해 편도체
는 해마보다 더 빨리 성숙하므로 4세 이전의 경험들이 의식되지 않으
면서 무의식적 정서기억을 형성한다. 그리하여 그 사건을 일으킨 자
극이나 단서가 있으면 편도체가 반응을 하게 되고 그래서 우리는 이
유없이 불안해 하거나 이유없이 즐거워하는 식으로 정서반응을 한다
고 볼 수 있다.

어떻게 그렇게 자세하게 기억할 수 있나? : 섬광기억

'**삼**풍백화점이 무너지는 참사가 있던 날 누구로부터 그 소식을 들었는지, 그 당시 무엇을 하고 있었는지' 등 질문을 받게 된다면 당신은 스스로도 놀랄 정도로 그 당시의 세세한 것을 기억해 내고 있는 것을 발견할 수 있다. 이같은 질문을 받은 어떤 대학생은 그 당시 사건을 전해주던 아나운서의 머리모양 및 옷 색깔까지도 기억하고 있었으며, 어떤 학생은 라면을 먹는 도중에 그 소식을 들었는데 그 때 먹은 라면맛이 짰다는 사실도 함께 기억해 냈다. 또 어떤 학생은 그 소식을 듣고 얼마나 놀랬는지를 말하면서 지금도 그 때를 생각하면 등골이 오싹해진다고 말했다. 만일 이런 충격적인 사건과 관계되지 않은 지극히 평범했던 몇 년 전 몇 월달에 TV에서 본 아나운서를 기억하라고 한다든지 먹은 음식을 기억하라고 한다면, 더 나아가서 그 당시의 느낌을 기억하라고 한다면 대개는 기억을 못하거나 자신의 습관에 의거해서 유추하는데 그치고 만다. 그러나 정서적으로 매우 강력한 사건인 경우에는 그 사건과 관련된 아주 조그마한 일까지도 자세하게 확신을 가지고 기억한다.

강렬한 정서경험을 할 때 그 때 일어난 것을 어떻게 그렇게도 오랫동안 생생하게 기억할 수 있는가? 여기에는 분명 기억과 정서간 어떤 강렬한 연결이 존재한다. 만일 정서가 약하다면 기억은 강하지 않고 계속해서 기억이 남아 있지도 못한다.

정서가 너무 강하여 당혹스러운 것이면 그 기억은 방해받게 되겠지만 그만큼 강렬하지 않으면 우리는 정서적 충격을 받은 일을 가장 잘 기억한다.

이성과 열정의 공존 : 정서뇌와 이성뇌의 조화

일단 정서가 일어나면 정서는 앞으로의 행동을 강력하게 일으키는 동기적 역할을 한다. 정서는 장기적인 성취를 향해 나아가게 할 뿐 아니라 순간순간의 행동의 코스를 결정한다. 그러나 우리는 정서로 말미암아 곤경에 빠질 수도 있다. 공포가 불안으로, 소원이 탐욕으로, 불쾌가 분노로, 분노가 증오로, 우정이 질투로, 사랑이 강박적인 것으로, 쾌가 중독으로 변할 때 우리의 정서 때문에 우리는 불편하게 된다. 정신건강은 정서적 건강으로 유지되며, 대체로 정신문제는 정서적인 정상상태가 붕괴되었음을 반영한다. 그러므로 정서는 유용한 결과를 가져올 수도 있고 병적인 결과를 가져올 수도 있다.

따라서 정서와 이성이 조화로운 관계에 있는 것이 중요하다. 많은 경우 이성이 정서를 잘 통제할 필요가 있고 정서 또한 이성에 에너지를 공급할 필요가 있다. 그렇기 때문에 EQ와 IQ 둘다 중요하며, EQ뇌와 IQ뇌의 조화로운 작용이 중요하다.

르듀(1996)는 뇌진화에 기초하여 한가지 가설을 제안하고 있다. 그는 사고와 정서 간 투쟁은 단순히 신피질계의 인지가 정서계를 지배함으로써 궁극적으로 해결될 수 있는 것은 아니라고 본다. 그보다는 뇌에서 일어나는 이성과 열정의 조화로운 통합에 의해서 해결될 수 있는 것으로 본다. 그리하여 우리 인간이 자신의 진정한 정서를 파악하여 그 정서들을 일상생활에 효율적으로 적용시킬 때 조화로운 삶을 살게 된다.

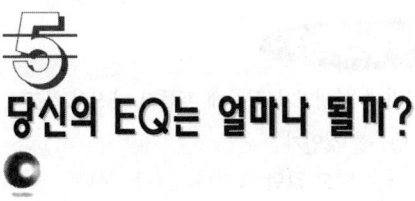

당신의 EQ는 얼마나 될까?

당신의 EQ는 얼마나 될까?
이제 곧 알게 될 것이다

다음은 다니엘 골먼이 인터넷에 띠운 EQ질문지이다.

아직까지 IQ검사와 같이 타당도가 높으면서 단일한 정서지능을 측정하는 지필검사는 없다. 그러나 많은 상황에서 정서지능이 수량화될 수 있다. 아래에 있는 질문지를 통해서 당신은 자신의 EQ에 대한 대략적인 값을 알 수 있다.

아래에 있는 질문에 대해 실제 당신이 무엇을 할 것인가에 기초해서 정직하게 대답해 봐라. 학교에서 실시하는 선다형 시험에서 찍어서 답하는 것과 같이 미리 짐작해서 답하면 안 된다.

〈EQ 테스트〉

1. 당신이 비행기 안에 앉아 있는데 갑자기 비행기가 심하게 흔들려 당신의 몸도 함께 심하게 흔들리고 있다. 어떻게 행동할 것인가?
   a. 대수롭지 않게 생각하면서 계속해서 읽고 읽던 잡지나 영화를 본다.
   b. 계속해서 스튜어디스의 태도에 신경을 쓰면서 위급상황에 대처하는 카드를 읽어보고 앞으로 일어날 일에 대비한다.
   c. a와 b의 중간
   d. 모르겠다.

2. 당신은 4살난 아이들을 공원에 데리고 갔다. 갑자기 한 아이가 울기 시작했는데 그 이유는 다른 아이들이 그 아이와 함께 놀려고 하지 않기 때문이다. 이럴 때, 당신은 어떻게 행동할 것인가?
   a. 간섭하지 않는다. 아이들끼리 해결하라고 둔다.
   b. 어떻게 하면 다른 아이들이 그 아이와 함께 놀아 줄까하고 우는 아이와 함께 생각해 본다.
   c. 그 아이에게 친절한 목소리로 울지 말라고 말한다.
   d. 장난감을 보여주면서 우는 아이의 주의를 다른 데로 돌린다.

3. 당신은 대학 중간고사에서 A학점을 기대했던 과목에서 C학점을 받았다. 어떻게 할 것인가?
   a. 다음 시험에서 좋은 성적을 받기 위해 계획을 짜고, 그 계획을 꼭 실천하도록 결심한다.
   b. 앞으로 더 잘 하겠다고 결심한다.
   c. 자기 스스로에게 그 과목의 성적은 그렇게 중요한 것은 아니라고 말한다. 그리고 성적이 잘 나온 과목을 집중적으로 공부한다.
   d. 담당교수를 찾아가서 좀 더 좋은 성적을 받았으면 한다고 부탁한다.

4. 당신이 전화로 어떤 물건을 판매하고 있다고 상상해 보라. 그런데 전화한 15명 모두 당신의 전화에 퇴자를 놓았다. 어떻게 하겠는가?
   a. 내일 일은 잘 될 것으로 기대하면서 오늘 일을 거기에서 끝낸다.
   b. 성공하지 못한 것을 자신의 판매능력과 관련지워 생각해 본다.

c. 이후로는 다른 방식으로 전화해 보면서 계속 노력한다.

d. 다른 일을 할까하고 생각해 본다.

5. 당신은 어떤 회사의 경영자로서 지역간 갈등을 없애려고 노력하고 있다. 그런데 어떤 직원이 한 직원에게 그의 출신지와 관련해서 아주 기분나쁜 농담을 했다는 말을 들었다. 어떻게 하겠는가?

a. '단지 농담이야' 하고 무시한다.

b. 농담한 사람을 불러 그 일에 대해 야단친다.

c. 그 직원을 부르지는 않고 그런 농담은 좋지 않으며 회사에서는 이와 같은 일은 용납될 수 없다고 공식적으로 말한다.

d. 직원에게 이 사건에 대해 이야기하면서 지역차별을 극복할 수 있는 프로프램에 참여해 보는 것이 어떠냐고 물어본다.

6. 자동차를 운전하던 당신 친구는 위험하게 바로 앞으로 끼어든 자동차 운전자 때문에 몹시 화가 났다. 이때 당신은 어떻게 하겠는가?

a. '아무 일도 일어나지 않았잖아, 잊어버려' 라고 말한다.

b. 그의 마음을 딴 데로 돌리기 위해서 그가 좋아하는 음악테이프를 틀어준다.

c. 같이 욕한다.

d. 당신도 그와 비슷한 경험을 한 적이 있었는데 알고 보니 그 차는 응급환자를 태우고 병원으로 가는 차였다고 이야기 해준다.

7. 당신과 당신 파트너는 언성을 높이면서 말다툼을 하고 있다. 둘다 몹시 흥분하고 화가 나 본의아니게 서로 인신공격을 하고 있다. 어떻게 하는 것이 최선의 방법일까?

a. 20분간 쉬고 나서 다시 그 문제에 대해서 이야기 해보자고 한다.

b. 싸움을 그만두고 당신의 파트너가 무엇을 얘기하든 입을 다물고 있는다.

c. 미안하다고 말하고 용서를 구한다.

d. 싸움을 잠깐 멈추고 당신의 생각을 정리해서 가능한 한 상세히 당신의 입장을 밝힌다.

8. 직장에서 골치아픈 문제를 창조적으로 해결하려고 만든 팀에 팀장으로 당신이

임명되었다. 제일 먼저 무엇을 하겠는가?

a. 안건을 내어 각 안건에 대해 토론할 시간을 준다.

b. 직원들이 서로를 더 잘 알 수 있도록 하기 위해서 시간을 마련한다.

c. 각 직원에서 그 문제를 해결하기 위해 참신한 아이디어를 내라고 한다.

d. 모두가 차례로 아이디어를 내어 그 중에서 최선책을 결정하도록 한다.

9. 당신의 세 살난 아들은 태어날 때부터 굉장히 수줍음을 많이 타서 낯선 장소나 낯선 사람을 몹시 두려워한다. 어떻게 하겠는가?

a. 그 아이가 수줍어하는 성격이라는 사실을 받아들이고 되도록이면 그 아이를 불안해하는 상황에 직면하지 않도록 한다.

b. 도움을 받기 위해서 아동심리학자에게 데리고 간다.

c. 아이를 의도적으로 낯선 사람과 낯선 장소에 자주 데리고 다니면서 아이의 두려움을 극복시키려고 노력한다.

d. 낯선 사람과 낯선 장소에 어울리게 하기 위해서, 힘들지만 그 아이가 극복할 만한 경험을 많이 시킨다.

10. 당신은 어렸을 때 어떤 악기를 연주하는 것을 배웠으나 몇 해 동안 그 악기를 다룰 기회가 없었다. 지금, 단지 즐기기 위해서 다시 그 악기을 연주해 보려고 한다. 어떻게 하면 가장 효과적으로 시간을 이용할 수 있을까?

a. 매우 엄격한 연습시간에 따라 연습한다.

b. 현재의 당신의 능력으로는 약간 어렵지만 습득할 수 있는 곡을 선택해서 연습한다.

c. 그 악기를 다루고 싶은 마음이 생길 때에만 연습한다.

d. 현재 당신 능력에는 벅차지만 상당히 노력하면 간신히 칠 수 있는 어려운 곡을 선택하여 연습한다.

〈채점 및 해석〉

질문에 대한 각 문항별 점수와 특정 답에 대한 해설은 다음과 같다.

1번. a=20, b=20, c=20, d=0.

d는 자신의 스트레스 반응을 인식하지 못한다는 사실을 나타낸다.

2번. a=0, b=20, c=0, d=0.
b가 최상의 답이다. 정서지능이 높은 부모는 아이가 겪는 부정적인 감정의 순간을 정서훈련의 기회로 활용한다. 아이가 왜 흥분했으며, 자신이 무엇을 느끼는지, 그리고 어떤 다른 행동을 할 수 있는지를 이해하도록 도와준다.

3번. a=20, b=0, c=0, d=0.
스스로 동기를 부여하는 능력에서는, 어려움과 좌절을 극복할 수 있는 계획을 세우고 관철시킬 수 있는 능력이 중요하다.

4번. a=0, b=0, c=20, d=0.
낙관주의는 정서지능의 한 표시이다. 낙관주의자는 어려움을 도전으로 생각한다. 거기에서 무엇인가 배울 것이 있다고 생각하면서 그 일을 계속한다. 포기하거나 자책하지 않으면서 새로운 방법을 시도하고 끈기있게 해본다.

5번. a=0, b=0, c=20, d=0.
지역갈등을 극복하는 분위기를 가장 효과적으로 만드는 방법은 이를 공식화하는 것이다. 당신 회사에서는 지역간 편견을 표현하는 것을 금지한다고 표명한다. 그리고 어렵기는 하지만 편견을 변화시키려고 노력해 본다.

6번. a=0, b=5, c=5, d=20.
몹시 화가 난 사람에게는 분노를 일으킨 원인으로부터 그 사람의 마음을 딴 데로 돌리거나, 그가 왜 화를 내는지 충분히 이해된다고 말해주거나, 그 상황을 화를 내지 않고 볼 수 있는 다른 여러 가지 상황적 변수에 대해 이야기해 주는 것이 분노를 누그러뜨리는 효과적인 방법이다.

7번. a=20, b=0, c=0, d=0.
분노로 인해서 신체가 생리적으로 각성되어 있으면 당신이 지각하는 것이 왜곡되게 되고 당신은 파괴적으로 인신공격을 하기 쉽다. 흥분한 신체가 진정되는 데에는 적어도 20분 정도가 소요되기 때문에 20분이 상 쉬면서 서로를 진정시키는 것이 도움이 된다. 진정된 후 그 문제에 대해 다시 얘기해 본다.

8번. a=0, b=20, c=0, d=0.
창조적인 집단은 팀원들간 라포가 형성되고 조화로운 관계일 때 일을 가장 잘 하며 또한 한 일에 대해 가장 만족해 한다. 그렇기 때문에 팀 원들이 가장 효율적으로 일을 하기 위해서는 어디에 얽매이지 않아야 한다.

9번. a=0, b=5, c=0, d=20.
선천적으로 수줍음을 타는 아이들은 견딜 만한 불안상황을 점진적으 로 경험함으로써 수줍음을 이겨내고 활동적인 아이가 될 수 있다.

10번. a=0, b=20, c=0, d=0.
당신은 적절한 도전을 함으로써 잠재되어 있는 능력을 최고로 발휘할 수 있다.

〈합계점수의 의미는?〉

200 ― EQ천재
175 ― 감정이입
150 ― 간디수준
125 ― 프로이트수준
100 ― 평균
75 ― 심리치료를 받을 필요가 있음
50 ― 정서적으로 문제가 있음
25 ― 네안데르탈인 수준
0 ― EQ바보

제 2부

정서지능 개발

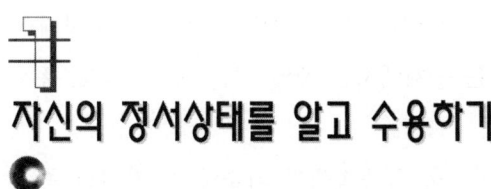

자신의 정서상태를 알고 수용하기

고민하지 못하는 V씨

V씨는 72세된 노인으로 뇌졸중 후 오른쪽 대뇌반구가 크게 손상되어 그의 왼쪽 신체가 마비되었다. 의사 W씨가 그를 보러 갔다. V씨는 휠체어에 앉아 있었다. V씨는 공식적인 어투로 정확한 표준말을 사용하여 또박또박 조심스럽게 인사를 했다.

V씨는 지적으로 보였으며 실제로 웩슬러 지능검사에서 이것이 증명되었다. 언어성 지능검사에서는 그는 꽤 어려운 단어도 잘 정의했으며 속담의 의미도 잘 파악하고 있었다. 이해력도 좋았으며 암산도 잘 했다. 검사결과, 그는 전체 인구의 상위 5% 수준 내에 해당되는 우수한 지능의 소유자였다.

그러나 동작성 지능에서는 문제가 심각했는데, 형태나 기하와 같은 문제는 단순한 것도 해결하지 못했다. 특히 그림에 나와 있는 형태대로 색깔있는 블록을 짜맞추는 문제에서는 제일 쉬운 샘플문제도 풀지 못했다.

일상행동에서 나타난 흥미로운 점은 V씨가 뇌졸중 후 자신의 증상에 대해서 어떤 정서도 나타내지 않는다는 점이다. 지능검사를 끝냈을 때 의사 W씨는 V씨에게 그의 일상생활에 대해서 몇 가지 물어보았다. "여가시간을 어떻게 보내는 것을 가장 좋아하십니까?"

"나는 걷는 것을 좋아합니다. 교외를 날마다 적어도 두 시간씩 산보하지요. 나는 숲속에서 걷는 것을 가장 좋아합니다. 우리 집 벽에는 내가 사는 동네의 산들을 자세하게 나타낸 지도가 있습니다. 내가 다닌 오솔길들을 거기에다 표시합니다. 내 생각에 약 6개월 정도 지나면 다시 그 오솔길을 거의 전부 걷게 될 것입니다. 이제는 늙어서 숲속에서 캠핑을 할 수는 없고 하루에 얼마씩 나누어서 다녀야지요."

"앞으로 6개월 동안 그 모든 오솔길을 다시 산책할 수 있다고요?" 의사 W씨는 물었다.

"문제될 게 뭐가 있습니까?" V씨는 의아한 물음인양 대답했다.

"저는 당신의 신체적인 문제를 말하는 것입니다."

"아니요. 전혀 문제될 것은 없습니다."

"당신은 지금 어디에 앉아 있습니까?"

"물론 휠체어에 앉아 있지요." V씨는 그 질문이 약간 어리석고 모욕적이라는 듯 한 표정을 지었다.

"왜 당신은 휠체어에 앉아 있습니까?"

이제 그는 분명히 화가 난 듯한 표정을 지었다. 그런 바보같은 질문에는 대답하기도 싫은 듯했다. "내 왼쪽 다리가 마비되어서지요." 그는 버럭 소리를 질렀다.

그는 자신의 문제가 무엇이라는 것을 이론적으로 즉 머리로는 알지만 실제로는 그 문제가 발생시키는 상황에 대해 느끼지 못했다. 현재 진행되고 있는 것을 언어적으로 표현하거나 의식하기는 하나 거기에 내포된 의미를 파악할 수가 없었다. 그는 상황의 의미를 평가할 때 수반되는 행복이나 슬픔과 같은 느낌을 가지지 못했다. 그러니 자신의 문제에 대해서도 고민하지 않았다.

자신의 정서상태를 인식하라

우리가 언뜻 생각하기에는 대부분의 사람들이 자신의 정서를 잘 아는 것처럼 보인다. 그렇지만 어떤 것을 실제로 신체적으로 느끼면서 그것을 인식하지 못하거나 또는 어떤 정서상태에 있을 때에는 인식하지 못하다가 나중에야 깨닫게 되는 경우가 종종 있다. 자신의 정서를 인식하는 것을 메타무드(meta-mood)라고 한다.

자신이 어떤 흥분적인 정서상태에 있는 것과 자신의 정서상태를 인식하는 것간에는 차이가 있다. 정서가 일어날 때 그것을 알아차리는 것이 정서지능의 중심이다. 자신의 정서를 인식하지 못하면 자신의 감정을 통제할 길이 없다.

시어머니는 밉지 않다

예를 들어, 고부간 갈등을 겪고 있는 한 부인이 시어머니에 대해 굉장히 화가 났다. 그럼에도 불구하고 자신이 하찮은 문제로 시어머니에게 흥분할 만큼 비이성적인 사람은 아니라고 생각한다. 그리하여 자신의 정서상태를 완전히 무시해 버리는 경우가 있다. 이런 기간이 오래 지속되면 자신도 알지 못하는 사이에 다른 엉뚱한 일에서도 예민하게 반응하게 된다. 조그만 일에도 계속해서 흥분하거나 신체적으로 다양한 질병을 겪을 수 있다.

그러나 이같이 인식하지 못하는 자신의 정서로 인해 많은 문제가 나타나고 있음에도 자신의 정서상태를 인식하지 못하는 사람은 자신과 시어머니와의 관계에 대한 평가 등을 무시하며 자신의 문제를 지속적으로 외면하게 된다. 자신의 정서상태를 인식하는 사람은 자신이 처한 상황을 직면해 보려고 시도할 것이다.

자신의 정서를 인식하기 위해서는 신피질이 변연계, 특히 편도체에서 야기된 정서적 반응을 알아차리고 이에 슬프다, 화가 났다 등 이름을 붙여주어야 한다.

자신의 정서를 관찰하면, 격렬한 정서가 일어났을 때 적어도 혼란스러운 감정을 인식할 수 있게 된다. 그러면 감정 속에 휘말려 있기보다는 자신에게 무엇이 일어나고 있는가를 알 수 있다. 우리는 가끔 누구를 죽이고 싶도록 미워할 수도 있다. 그렇지만 미워하는 것과 자신의 미워하는 감정을 아는 것간에는 차이가 있다.

자신의 정서를 인식하는 것은 판단을 가하지 않은 중립적인 성질을 띨 수도 있지만 그렇게 중립적이지 않은 경우도 많다. 우리는 자신의 정서를 알아차리고는 다음과 같이 말할 때가 있다. "내가 이런 식으로 느끼면 안돼.", "내 기분을 고양시키기 위해서 기분좋은 것만을 생각하자.", "그렇게 기분 나쁜 것을 생각하면서 시간을 보내면 안돼."

사람들마다 자신의 정서에 주의하고 이를 다루는 데에는 차이가 있다. 어떤 사람은 자신이 부정적인 감정의 늪에 빠져 건설적인 생각을 하지 않는 것을 인식하고 이를 변화시키려고 노력한다. 그러나 어떤 사람은 소용돌이치는 감정에 빠져만 있고 이를 인식하지 못한다. 또 어떤 사람은 자신이 어떤 감정상태에 빠져 있는 것을 알아도 부정적인 감정상태에서 빠져 나오려는 아무런 노력도 하지 않는다.

감정에 휩싸이는 사람과 감정을 못 느끼는 사람

내일 중요한 시험을 본다. 어떤 사람은 입술이 바짝바짝 타고 속도 거북하다. 계속해서 가슴이 쿵쿵 뛴다. 반면 어떤 사람은 그리 크게 긴장하지 않는다. 특히 자신이 있어서가 아니다. 이제까지 그는 어떤 상황에서도 크게 걱정이나 불안한 적이 없었다.

조심해야 하는 상황, 걱정을 야기시키는 상황에 대해 얼마나 예민하게 반응하느냐에 따라 그 사람의 정서적 반응 크기가 결정된다. 사태를 중요하게 받아들이고 신경을 많이 쓰는 사람일수록 정서반응이 더 크고 더 강한 정서를 느끼게 된다. 사태를 무시하는 사람은 그런 사태에 덜 주목하게 되고 정서반응 자체는 줄어들지 않는다 할지라도 의식되는 느낌의 강도는 줄어든다.

사람들이 정서를 경험하는 정도는 각기 다르다. 감정이 거의 없는 사람의 경우에는 살아가면서 특별한 느낌을 가지지 않는다. 화재가 난 상황에서 조차도 느낌이 거의 없다.

한 남자가 다리를 다쳐서 누워 있었다. 그날도 하루종일 집에 혼자 있으면서 침대에 누워 있었다. 누워서 담배를 피우다가 담배불을 떨어뜨렸다. 그런데 담배불까지 손이 닿지 않았다. 간신히 그곳까지 기어가서 타고 있는 담배불을 주워서 껐다. 그런데 그런 행동을 하는 동안에도 그는 화재에 대한 두려움을 거의 느끼지 못했고 몸도 떨리지 않았다.

어떤 사람은 볼펜 한 자루를 잃고도 며칠 동안 속상해 하기도 하고 물건 하나를 조금 싸게 샀다는 사실만으로도 하루종일 기분좋아 한다. 대개 여성들이 남성들보다 긍정적인 정서든 부정적인 정서든 더 강하게 느낀다.

옷을 좀 싸게 샀다고 생각한 부인이 외출했다 집에 들어오는 식구들마다 붙잡고 옷을 싸게 샀다고 기분 좋게 이야기했다. 남편이 집에 들어왔을 때에도 마찬가지였다. 아내의 기뻐하는 이야기를 들은 남편은 다음과 같이 말했다. "그런데 그게 그렇게도 기분이 좋소?" 그녀의 남편에게는 그런 기분이 전혀 이해되지 않았다. 그에게는 세상을 살아가면서 특별히 기분 좋은 것도 기분 나쁜 것도 없었다.

정서적으로 민감한 사람은 약간만 기분이 좋든지 나쁘든지 하면 정서적 소용돌이에 휘말리기 쉽다. 한편 민감하지 않은 사람은 불난 것과 같은 극한 상황에서도 정서를 거의 경험하지 못한다.

얼음 같은 남자

A씨는 지적이고 사려깊고 사회적으로 성공한 변호사이다. 그러나 그에게는 정서가 결여되어 있다. 그는 어떤 상황에서도 감정의 동요를 보이지 않으며 정서를 거의 느끼지도 못한다. 자신의 일에 대해서는 뛰어난 논리와 명석함이 두드러지게 나타나지만 감정을 나타내는 말은 거의 한마디도 하지 않는다. 식구들은 그와 같이 있는 것이 너무나 따분하다. 그는 '누가 좋다', '기분좋다', '기분나쁘다' 와 같은 말은 한마디도 하지 않는다. 그에게는 그러한 감정에 관한 생각이 전혀 떠오르지 않기 때문이다.

그는 누구와도 자신의 감정에 대해서 이야기하지 않는다. 그는 그 자신이 무엇을 느끼는지 모른다. 분노도, 슬픔도, 기쁨조차도 느끼지 못한다.

K씨는 돈은 잘 벌어다 주는 남편이자 애들 아빠다. 그는 아내나 딸에게 자신의 감정을 표현하는 적이 없다. 아내가 남편의 감정을 이끌어 내려고 유머를 쓰고 애교를 부려도 여전히 냉담하고 무관심했다.

이런 사람들은 자신들이 느끼는 정서를 잘 식별하지 못한다. 또한 정서와 신체적인 감각 간의 차이를 식별하기도 어렵다. 그래서 스트레스를 받아도 제대로 풀지를 못한다. 심장이 뛰고 식은 땀이 나고 집중이 안 돼 문제가 있다는 걸 안다. 그들은 불안을 느낄 때에도 자신의 느낌을 모르고 위가 거북하다, 떨린다, 땀이 난다는 식으로 말하는 경우가 있다.

그들은 감정을 전혀 느끼지 않는 것이 아니라 자신이 느끼는 것을 정확하게 알지 못하고, 특히 말로 표현하지 못한다. 그리하여 자신에게 일어난 정서를 신체적인 불편함으로 느끼면서 모호한 의학적인 불평을 한다.

자신의 분노나 슬픔을 인식하는 것과 같은 정서인식은 신피질과 변연계간의 연결로 일어난다. 정서가 변연계, 특히 편도체에서 일어나고 이 정보가 신피질의 언어영역에 도달하여 의식되는 것이다.

A씨나 K씨와 같은 사례의 원인이 무엇일까? 변연계와 신피질간 연결의 작용이 약화되었거나 없어진 것으로 볼 수 있다. 어떤 간질환자의 경우 수술로 이 연결이 끊겼다. 수술 후 그 사람에게서 간질증상은 줄어들었지만 정서는 밋밋해졌다. 그는 감정을 표현할 수 없게 되었고 갑자기 공상도 사라졌다. 그는 정서적인 뇌회로를 통해서 정서를 신체적으로 반응할 수 있지만 신피질과의 연결로가 끊겨서 이들 감정

을 분류할 수 없고 이름을 붙일 수도 없게 되었다. 그리하여 공포를 야기시키는 상황에서 그 상황에 있는 자극에 대한 정보가 편도체에 도달하여, 편도체는 공포라는 정서를 일으킨다. 편도체는 다른 뇌구조물을 통해 여러 신체반응을 야기시킨다. 예를 들면 떨리고, 가슴이 두근거리고, 땀이 난다는 등 신체반응이 일어난다. 그렇지만 자기 스스로 공포라는 정서를 인식하지는 못한다.

정서적인 신체반응에 주목하라

내가 아는 옛날의 그사람이 아니다

게이지는 철도회사에서 일하고 있는 다이너마이트 기술자였다. 1848년 9월 13일, 어떤 골짜기에서 바위를 폭파시키는 공사를 하고 있었다. 그는 활동적이고 유능하였으며 주위에 있는 사람들로부터 신임을 받는 사람이었다. 그날도 게이지는 바위를 폭파하기 위하여 바위에 뚫은 구멍 속으로 큰 쇠막대기를 사용하여 폭약을 채워넣고 있었다. 그 쇠막대기의 한쪽 끝은 뭉툭했지만 게이지가 들고 있는 쪽은 그 끝이 날카로웠다. 그가 쇠막대로 폭약을 집어넣을 때 조수는 폭파되지 않게 하기 위해서 모래를 그 바위 구멍 속에 부어 넣고 있었다. 조수가 한눈을 팔면서 잠시 모래를 넣지 않았다. 그러나 게이지는 계속해서 쇠막대기로 폭약을 넣고 있었다. 그때 불꽃이 일어나면서 폭약에 불이 붙었다. 폭약이 터지면서 쇠막대기는 게이지의 왼쪽 뺨으로 들어가서 신피질 중 전두엽을 관통하여 머리 위로 뚫고 나갔다.

그 후 의사가 달려왔고 게이지는 살아났다. 신체가 회복되는 동안 그의 성격은 심하게 변화되기 시작했다. 그는 변덕스럽고 불손했으며 때로는 심한 욕설을 퍼부었다. 물론 사고 전에는 전혀 그렇지 않았다. 이제 그는 심한 고집을 부리면서도 우유부단하여 결정한 계획을 몇 번이고 번복하기도 했다.

사고 전에 그는 신중하고 근면하고 활동적이었다. 사고 후 그는 어린애같이 행동하고 책임감도 없고, 다른 사람의 입장을 생각할 수 없게 되었다. 또한 그는 계획을 짤 수도 없고 실행할 수도 없었다. 그의 행동은 변덕스러웠다. 이는 쇠막대기가 뇌를 지나가면서 게이지의 신피질의 한 부분인 전두엽을 손상시켰기 때문이다.

중요한 결정은 머리로 하나? 가슴으로 하나?

우리들은 살아가면서 중요한 문제에 부딪힌다. 어떤 직장을 선택할 것인가? 현재 다니는 직장을 계속 다닐 것인가, 또는 수입이 좀더 좋은 그러나 불안정한 다른 직장으로 옮길 것인가? 누구와 결혼할 것인가? 어떤 집을 살 것인가?

이런 중요한 결정을 할 때 순전히 머리(이성)만으로는 결정할 수 없다. 상황 상황마다 어떤 느낌을 느끼느냐가 중요하다. 형식적인 논리만으로는 누구와 결혼할 것인가, 누구를 믿을 것인가를 결정하기 어렵다. 정서가 배제된 이성만으로는 좋은 결정을 내리지 못한다. 어떤 일이 아무리 이성적으로, 논리적으로 좋은 것으로 생각되더라도 정서적인 느낌이 수반되지 않는다면 정말 옳은 판단을 했는지 확신할 수 없다.

중대한 순간에 직관적인 신호는 정서적인 뇌로부터 신체느낌이나 내부장기의 느낌의 형태로 온다. 정서적인 뇌가 자율신경계를 동원하여 신체적인 느낌을 불러일으킨다. 종종 이런 신체적인 신호는 어떤 결정을 하지 못하게 경고신호를 보내기도 하고, 절호의 기회라고 알려주기도 한다. 그런 순간 우리는 보통 어떤 특정한 경험이 이런 부정적인 느낌을 형성했는가 기억하지 못한다. 중대한 결정을 할 때에는 우리의 느낌에 귀를 기울여야 한다.

느낌에 귀를 기울여야 할 때

결혼상대를 결정해야 하는 A씨는 심한 갈등을 겪고 있었다. A씨는 유복자로 태어나 어머니와 단 둘이서 생활해 왔는데, 그는 어려서부터 취직할 때까지 모든 결정을 어머니의 뜻에 따라 했다. 간간히 그가 어머니의 결정에 불만을 표현하면 어머니는 무자비할 정도로 A씨를 경멸하며 못 미더워했다. 점차 이런 어머니의 태도에 화가 나 있던 A씨는 어머니가 어머니 자신과 유사한 성격을 지닌 유능한 직업여성인 C씨를 며느리감으로 소개시켜 줬을 때 극도로 화를 내었다. A씨는 무조건 이를 거부한 뒤, 아주 반대 타입인 D양을 사귀었다. 어머니에게 자신이 D양과 결혼할 것이라는 말을 하고 나서부터 A씨는 어머니와 많은 갈등을 겪었다. 이를수록 A씨는 더 강하게 D양에게 집착하게 되었다. 세월이 흘러 어머니도 지칠 쯤 되었을 때 A씨는 자신도 모르게 스스로 자꾸 결혼을 지연시키고 있다는 사실을 깨달았고 얼마 후에야 자신이 D양을 진정으로 사랑하고 있지 않다는 사실을 깨달았다. 전적으로 어머니에 대한 반항으로 D양을 선택하고 결혼을 고집했다는 사실을 알게 되었다.

선택할 수 없다. 결정도 할 수 없다

게이지처럼 신피질의 작용인 이성이 정서적 뇌회로의 작용과 분리된 또 다른 환자인, 엘스링거와 다마지오(1985)가 보고한 엘리옷의 사례를 보자. 엘리옷의 뇌 안에서 종양이 작은 주먹만하게 자랐다. 수술을 해서 종양을 완전히 제거했다. 수술이 성공적이었다고 생각되었지만 그는 이전의 그가 아니었다. 그의 성격은 극적으로 변했다. 전두엽 신피질이 제거되어 정서뇌인 편도체와 연결될 수가 없었다. 지적으로는 이전과 마찬가지로 명석했다. 그의 논리, 기억, 주의, 어떤 다른 인지적 능력은 아무것도 잘못된 것이 없었다. 그는 사회적 판단을 훌륭히 했다. 도덕적, 윤리적 딜레마가 있는 상황에서 어떻게 해야 하는가를 결정하게 했을 때, 판단을 잘 하였고 합리적으로 논리를 펴면서 이를 정당화시켰다. 그러나 그 자신의 실제 생활은 완전히 달라졌다.

그는 가족과 친구들이 실패할 수밖에 없다고 지적하는 곳에 투자하여 재산을 조금씩 없앴다. 그리고 무책임한 행동으로 계속해서 일자리를 잃었다. 그는 사소한 결정과 중요한 결정간에 구분조차 할 수 없었고 어디에서 저녁을 먹을 것인가를 결정하기 위해 몇 시간을 보냈다. 그의 직업이나 가족생활과 관련된 상황에서 제대로 판단을 내리지 못했고 사소한 일과 중요한 일들을 구별할 수 없었다. 마침내 그의 부인은 그를 떠났고 이혼소송을 냈다.

엘리옷은 자신에게 일어난 사건에 대해 실제적으로는 아무런 감정도 느끼지 못했다. 그는 그의 인생에서 일어난 비극적인 사건을 마치 제삼자인양 아무런 감정없이 말했다. 후회, 슬픔, 좌절, 분노 등 어떠한 감정도 느끼지 못했다. 마치 자신의 비극이 그에게 아무런 고통도 주지 않는 것처럼.

엘리옷이 정서적으로 무감각하게 된 것은 뇌종양과 함께 전두엽 신피질이 없어졌기 때문이다. 수술로 인하여 편도체와 같은 정서적인 뇌회로와, 사고하는 신피질과의 연결고리가 끊겼기 때문이다. 엘리옷의 사고는 마치 감정이 없는 컴퓨터처럼 된 것이다. 결정을 내릴 수는 있으나 여러 가지 가능성에 대해 중요성의 순서를 매기지 못했다. 이는 엘리옷의 이성적 추론에 아무런 감정이 생기지 않아서이다. 어떤 결정에 대해서건 아무런 느낌을 가지지 못했다. 자신의 감정을 알지 못하기 때문에 다양한 가능성들 중 어느 하나를 더 선호하지 못하게 되고 결국 제대로 선택하지 못하게 되었다.

의식되지 않은 정서반응을 알아차리기

자신이 경험하는 정서를 의식하지 못하면 이런 정서는 강하게 작용한다. 그리하여 통제할 수가 없다. 정서를 통제하려면 먼저 자신의 정서를 인식해야 한다. 사람들이 자신의 정서를 감지할 수 있는 능력에는 차이가 있다. 우리들 중 어떤 사람은 다른 사람들보다 두려움이나 즐거움의 느낌이 우리 몸을 타고 내려가는 것을 더 쉽게 감지한다. 그래서 자신의 정서를 더 잘 알게 된다.

정서적 생활 중 많은 부분은 의식되지 않는다. 우리 안에서 일어나는 느낌이 모두 의식되는 것은 아니다.

몸이 먼저 안다

정서의 생리적 반응은 어떤 사람이 자신의 감정을 의식하기도 전에

시작되어 일어난다. 예를 들어, 거미를 무서워하는 사람에게 거미사
진을 보여준다. 이때 그는 아무런 두려움도 느끼지 않는다고 말하면
서 땀이 나고 가슴이 두근거리면서 불안하다는 듯한 신체적 신호를
보일 수 있다. 불안이 더 강해지면 의식될 수 있다. 의식되는 정서는
변연계, 특히 편도체에서 나온 정서가 신피질인 언어영역에 도달해서
야기된다.

　의식되지 않는 정서는 비록 우리가 그런 정서가 작용하고 있다는
것을 미처 생각하지 못할지라도 우리가 어떻게 지각하고 반응하는가
에 강력한 영향을 줄 수 있다. 어떤 사람이 출근길에 버스를 탔는데
버스 기사가 여러 사람들 앞에서 그에게 무례한 말을 했다. 그는 화가
났지만 뚜렷이 그것을 의식하지 못했다. 그는 그 후 몇 시간 동안 주
위 사람들에게 아무런 이유도 없이 역정을 냈다. 그는 자신이 계속해
서 역정을 내는 것을 의식하지 못하고 있는데 누군가가 그에게 자신
의 이런 모습을 이야기하면 놀랄 것이다. 일단 이런 반응이 의식되면
상황을 다시 평가할 수 있게 되고 그날 아침에 느끼고 남아 있던 감정
의 찌꺼기를 없애려고 노력할 수 있다. 그리하여 자신의 생각과 기분
을 바꿀 수 있다. 이런 방법으로 자신의 정서를 다루는 것은 정서지능
의 그 다음 단계인 '정서의 조절과 통제 과정'의 기초가 된다.

정서의 조절과 통제

원초적 정서

정서와 진화

슬퍼하거나 기뻐하는 것이 왜 생존에 도움이 되는가?

엔지니어가 기계를 만들 때에는 그 기계가 어떤 목적에 사용될 기계인지를 먼저 결정한 후에 설계를 하고 만들기 시작한다. 그러나 생물학적인 기계인 인간은 정교한 청사진에 따라 만들어진 존재가 아니라 진화의 산물로서 장구한 세월에 걸쳐 아주 조금씩 미세한 변화가 축적되어 이루어진 결정체이다. 앞장에서 보았듯이 인간의 두뇌에서도 진화의 단계에 따라 많은 변화를 거쳐왔다. 인간의 뇌 속에는 진화의 흔적을 보여주는 해부학적이고 기능적인 차이가 있다. 이런 차이들은 긴 진화의 단계에서 나타난 것으로 여기서 우리는 인간의 생존에 도움을 주는 다양한 뇌의 활동들을 볼 수 있다. 따라서 뇌의 활동으로 생기는 산물 중의 하나인 정서 역시 진화의 산물이라고 본다면 즐거워하거나 기분나빠하는 것이 어떻게 죽지 않고 살아남는 것에, 즉 생존에 도움이 되는가라는 의문이 생긴다. 또한 생존에 필수적인 원초적 정서는 무엇인가 라는 의문도 생긴다.

원초적 정서뇌

뇌에서의 본능적 정서시스템은 거의 모든 척추동물 – 포유류, 파충류, 조류, 양서류, 어류 등에서 근본적으로 같다고 할 수 있다. 19세기 미국의 심리학자인 윌리암 제임스는 사나운 곰을 보면 생존에 위협이 된다는 것을 본능적으로 알기 때문에 뛰어서 도망을 가고 도망가는 행동을 하다보면 두려움과 같은 정서가 생긴다고 했다. 만약 사람에게 날개가 있다면, 사나운 곰과 맞닥뜨리게 되었을 때 뛰어서 도망가는 것이 아니라 날아서 도망갈 것이다. 위험에서 도망치는 것은 모든 동물에서 동일하다. 도망가는 수단이 무엇이든간에 즉, 뛰어서 도망을 가든, 날아서 도망을 가든 혹은 헤엄을 쳐서 도망을 가든간에 중요한 것은 동물의 뇌속에는 위험을 감지하는 메커니즘이 있고, 위험상황에서는 자신이 가진 기능의 한도 내에서 가능한 한 빨리 그리고 효율적으로 반응하게 하는 무언가가 있다는 것이다. 진화적으로, 사람을 포함하여 모든 동물은 이런 기능을 뇌 속에 저장하고 있다.

선천적인 정서표현

이렇게 인간과 동물이 공유하는 마음과 행동의 측면은 다윈이 '수정된 후손'이라는 용어(다윈과 동시대의 학자인 허버트 스펜서가 진화라는 용어를 처음 사용하여 수정된 후손을 기술하였다.)를 사용하여 언급하기 전까지는 무시된 특징이었다. '인간과 동물에서의 정서표현'이라는 책에서 다윈은 인간과 동물이 공유하는 특성인 정서는 선천적인 것으로 타고나는 것이지 학습되는 것이 아니라고 했고, 이런 선천성의 대표적인 증거 중의 하나로 인간의 안면 표정을 예로 들었다. 사람의 표정 중 많은 것은 문화와 인종을 초월하여 동일하다. 문화와 역사가 매우 상이한 여러 인종의 사람들이 다양한 표정을 짓고 있는 사진을 보여주고 어떤 기분인지를 알아맞추게 하는 경우에 대부분의 사람들은 그 사람들이 행복한지, 슬픈지 혹은 화를 내고 있는지를 정확하게 지적할 수 있다. 태어날 때부터 장님이어서 기분에 따른 얼굴 표정을 한 번도 본 적이 없는 사람의 경우에도 기쁠 때는 기쁜 표정을 지을 수 있고 슬플 때는 슬픈 표정을 지을 수 있다(그림 2-1). 태어난지 얼마 안 된 유아도 기분 좋을 때와 기분 나쁠 때 서로 다른 표정을 지을 수 있으며 우리는 그 표정을 읽어 그에 대한 대응을 할 수 있다.

정서와 안녕

인간과 동물이 공통적으로 보이는 정서는 주로 신체적 표현을 통해 살펴볼 수 있다. 극단적인 공포에 직면하면 인간이나

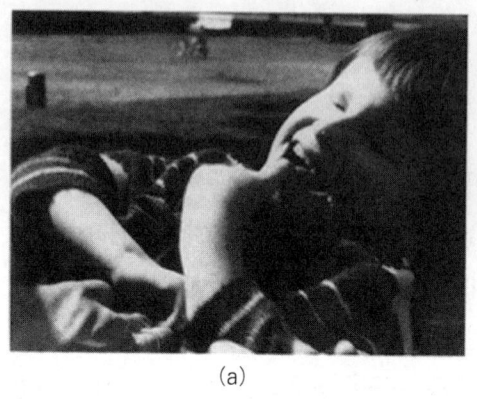
(a)

(b)

〈그림 2-1〉 (a) 웃고 있는 이 소녀는 태어날 때부터 눈이 멀고 귀가 안들렸다.
  (b) 태어날 때부터 장님인 이 소년은 당황하여 얼굴을 손으로 가린다.

동물이나 할 것 없이 모두 소변이나 대변을 실금한다. 또한 신체의 안
녕이 위협받는 위험상황에서 동물들은 적에게 커 보이기 위해 털을 곤
두세운다. 이는 사람도 무섭거나 두려울 때 닭살이 돋고 머리칼이 곤
두서는 느낌을 받는 것과 동일한 이치라고 할 수 있다. 더 나아가서 사
람이 화가 나서 싸울 때 소리를 고래고래 지르는 것이나 동물들이 으
르렁거리는 것도 동일한 것이라 할 수 있다. 이런 신체적인 정서 표현
의 목적은 다른 사람과 의사소통하기 위한 것, 즉 특정 정서상태에 있
다는 것을 알리는 것이라고 볼 수 있다. 동물의 경우 으르렁대거나 털
을 곤두세우는 것은 적에게 공격을 포기하도록 만드는 기능이 있다.

 이와 유사하게 사람에게서도 얼굴과 신체의 표현은 그것의 근원이
무엇이든간에 인간의 안녕에 매우 중요하다. 엄마가 아이에게 보이는
즐거움이나 행복이라는 감정의 표현은 엄마와 아이간의 첫번째 대화

도구로서 작용한다. 엄마의 미소는 아이가 어떤 행동을 해도 좋다는 허락을 나타내며 더 나아가서는 아이가 그 행동을 지속하도록 부추기고 궁극적으로는 사회가 요구하는 적응적인 방향으로 인도하는 기능이 있다. 동일한 견지에서 엄마가 찡그리는 것은 아이로 하여금 허락받지 않은 행동 즉 나쁜 행동을 하고 있다는 느낌을 갖게 하여 이를 자제하게끔 하는 기능이 있다.

인간의 원초적 정서

다원이 말했듯이 사람과 동물이 공통적으로 지니고 있는 정서 혹은 학습하지 않아도 알고 있고 행동할 수 있는 정서를 본능적 정서라고 할 때 인간이 지니고 있는 본능적 정서는 몇 개나 되며 무엇인가 하는 물음이 생긴다. 본능적 정서의 초기 연구는 다윈의 정서표현에 관한 견해를 받아들여 얼굴과 신체로 나타낼 수 있는 보편적인 정서 즉 문화와 인종을 초월하여 동일한 감정임을 인정받는 정서를 본능으로 간주해 왔다. 최근에는 얼굴 근육의 미세한 움직임을 과학적인 방법으로 관찰하여 얼굴로 표현이 가능한 보편적인 정서표현을 본능으로 간주하는 경향이 있다. 심리학자인 실비안 톰킨스는 얼굴 표정 근육의 움직임에 따라 여덟 개의 본능을 구분했다. 여덟 개의 본능은 놀람, 호기심, 즐거움, 분노, 공포, 혐오, 수줍음, 고통이다. 얼굴표정으로 표현이 가능한 원초적 정서와는 달리 인간의 말에 나타난 감정을 분류한 존슨 레어드의 연구에 따르면 원초적 정서어휘는 행복, 화, 공포, 혐오, 슬픔이라는 말로 나누어질 수 있다.

원초적 정서의 특징

그렇다면 이런 원초적 정서가 지니는 특징은 무엇인가? 진화적인 관점에서 여덟 개의 원초적 정서를 분류한 정서 심리학자 프러취크는 원초적 정서가 지니는 특징을 다음과 같이 표현했다. 원초적 정서는 인간과 동물 모두에게 적용되지만 동물의 종류에 따라 다양한 표현형태를 지니고 있다. 이를테면 화 혹은 분노라고 하는 정서는 사람과 동물 둘다에서 관찰되는 원초적 정서이지만 사람의 경우에는 소리를 지르거나 주위 물건을 집어던지는 행동이나 또는 다른 사람에게 완력을 행사하는 행동을 보인다. 동물의 경우는 사람과는 행동형태가 다르게 나타난다. 동물은 이와 발톱을 드러내고 으르렁거리거나 깨무는 행동을 한다.

또한 본능적 정서는 인간이나 동물이 환경에 적응하여 생존하는데 도움을 줄 수 있다. 예를 들어 위험에서 재빨리 도망가고, 숨고, 죽은 척하는 보호반응이나 할퀴고, 깨물고, 때리는 파괴반응, 배우자를 찾고 교미하고 후손을 낳는 생식반응 등이 생존하는데 도움을 주는 행동이라고 할 수 있다.

인간의 경우는 동물과는 달리 본능적 정서 외에도 다양한 정서 경험을 할 수 있다. 여러 가지 본능적 정서가 혼합되면서 이차적인 복합정서가 발생할 수 있다. 플러체크는 복합정서로서 사랑, 실망, 경멸, 후회 등을 예로 들고 있다. 즉, 놀람과 슬픔이 함께 하면 우리는 실망이라는 복합정서를 느끼고 혐오와 분노를 함께 느끼면 경멸이라는 복합적 정서가 생긴다는 것이다.

다음에는 본능적 정서 중에서 우리가 가장 흔하게 경험하는 정서인 분노를 살펴보고 분노를 조절하고 통제하는 방법을 알아보겠다.

분노, 참을 수 없는 격정

화를 폭발시킬 것인가, 참을 것인가

사람들은 '참을 인(忍)자 셋이면 살인도 피할 수 있다' 거나 '참는 게 미덕이다' 라고 흔히 말하곤 한다. 이 말 속에는 화가 머리 끝까지 나서 폭발할 지경이 되어도 참는 것이 여러모로 이롭다는 것을 암시한다. 이런 상식적인 생각과는 달리 분노를 연구하는 심리학자들은 얼마 전까지만 해도 참지 말고 화를 내는 것, 분노를 화산처럼 분출시키는 것이 정신건강에 이롭다고 주장했다. 그러나 현재의 분노 연구는 옛날의 진부한 진리가 말해주는 '참아 넘기는 분노 통제법'이 정신건강에 더 이롭다고 주장한다. 마구 화를 내는 것은 일시적으로는 속을 시원하게 해주어 화가 가라앉는 것 같지만 실제로는 화를 진정시키기 보다는 화를 더욱 더 부추겨서 악순환에 빠지게 한다. 반면에 참는 것은 분노를 진정시켜 몸싸움이나 법정싸움과 같은 더욱 더 나쁜 상태로 진전하는 것을 막아준다. 그러나 무조건 참기만 하는 것은 그렇게 좋은 방법이라고 할 수 없다. 대부분의 경우 분노는 부적절하게 표현되므로 반사회적 행동으로 간주되는 경향이 있다. 그러나 분노를 적절하게, 건강하게 표현하는 것은 사회적 적응과 정신건강에 매우 중요하다.

사회적 관계형성의 면에서 보면 참는 것이 앞으로 그 상대방을 다시 대하는 것이나 주변 사람들에게 인식되는 자신의 이미지 관리상 더 나은 방법일 수 있다. 그러나 이것이 지나치게 반복되면 막연한 불안감이나 손해봤다는 생각으로 스트레스를 받게 되고 이런 감정이 극에 달하면 아주 사소한 일에서도 분노 발작적인 태도를 보여 '괴팍한 사람'으로 간주되기 쉽다.

대부분 우리들이 표현하는 '분노'란 단어는 이같은 극한 상황에서 나타내는 정서일 수 있다. 우리가 자신의 정서를 잘 인식해 뭔가 자신을 화나게 한다고 생각하거나 이것이 아닌데 하는 생각이 들면 가능한 한 그 상황을 잘 판단해서 주장할 것은 주장하고 타협할 것은 타협하는 자세가 좋다. 이런 식으로 정서를 표출하지 못하고 소심하고 째째한 것 같아 참고, 사소한 것 같아 참고, 표현하기가 뭣해 참다보면 이런 작은 감정들이 모여 큰 힘이 되어 나중에는 크게 화낼 것도 아닌 엉뚱한 상황에서 발작적인 분노를 표현할 가능성이 많다.

두려움과 분노의 관계

우리는 신체적으로나 정신적으로 위험하거나 위협이 되는 상황에서 두려움을 느낀다. 특히 위험이나 위협의 대상이 가시적으로 뚜렷하고 피할 수 없을 때 더욱 더 두려움을 느낀다. 분노는 두려움에 뒤이어 나타나거나, 자존심이 손상되었을 때 자존심을 손상시킨 원인을 제거하고자 하는 정서로서, 분노 뒤에는 일반적으로 공격행동이 뒤따른다. 예를 들어 당신의 아이가 공을 줍기 위해 번잡한 찻길로 뛰어드는 것을 보았다고 하자. 당신이 맨 처음 느끼는 강력한 감정은 아이가 사고를 당할지도 모르는 위협상황에 대한 두려움이므로, 아이가 공을 주어들고 천연덕스럽게 걸어오면 대부분의 부모들은 감격스럽게 아이를 맞이하기보다는 아이에게 험악한 표정을 지으며 마구 소리를 지른다. 당신이 느낀 두려움이 강하면 강할수록 당신은 더욱 더 화를 많이 내게 될 것이다.

위험한 상황에 처해 있다는 것을 자각하게 되면 심리적으로나 육체적으로 위기감이 조성되고 이 위기감은 정서뇌인 변연계를 자극하여 결국에는 카테콜라민과 부신피질 호르몬을 분비하게 한다. 이런 스트레스 호르몬이 분비되면 죽기 아니면 살기로 싸우느냐 혹은 줄행랑을 치느냐-심리학 용어로는 공격 혹은 도피반응을 할 것인가를 결정해야 한다. 일단 부신피질계가 흥분하면 감수성이 예민하게 되어 쉽게 흥분하거나 화를 내게 된다. 화를 내는 상태는 감수성이 예민해진 상태이기 때문에 사소한 이유로 인해 더욱 더 커다란 분노가 야기되고 쉽게 악순환에 빠지게 되어 별 것 아닌 이유가 커다란 결과를 낳게 된다. 사람이 많이 모인 장소에서 분노의 격정에 휩싸여 주먹다짐을 하거나 별 것도 아닌 일에 아이를 마구 때리는 부모를 볼 수 있다. 대부분의 경우에 그 시작은 매우 사소한데 있을 수 있다. 지나가는 사람이 발을 밟았다거나, 어떤 사람이 새치기한 것이 원인이 될 수도 있고, 또는 옆에 있는 사람이 못마땅하거나, 날씨가 무더운 것이 원인이 될 수 있다. 마치 햇볕이 너무 강렬해서 살인을 했다고 대답을 하는 까뮈의 이방인에 나오는 주인공처럼.

화산같이 폭발해 버린 엄마의 분노

우리는 간혹 자존심이 사소하게 손상된 후 분노를 폭발시키는 사람들을 볼 수 있다. 분노의 원인은 여러 가지가 있지만 자존감의 손상이 가장 흔한 이유 중의 하나이다. 자존감이 상해 화를 내는 경우 화를 내는 사람은 화를 내는 이유가 타당하다고 생각하지만 남들이 보기에는 지나치게 화를 내거거나 성마른 사람이라는 판단을 받기 쉽다.

아이와 엄마가 함께 시장에 나와 옷가게에 들렀다. 옷가게에서 엄마가 옷을 고르고 있는 동안 아이의 소박한 호기심이 점원의 심기를 불편하게 했다. 지루해진 아이는 계속해서 여기저기를 뒤져보고. 진열된 옷을 만져보고 그 속에 숨고, 부산스럽게 돌아다녔다. 예민해진 점원은 끊임없이 아이의 행동에 시선을 주었고 결국 아이가 옷걸이를 넘어뜨리자 참지 못하고 아이에게 날카롭게 짜증냈다. 아이 엄마는 아이의 장난과 점원의 눈치에 이미 속이 상해 있다가 점원의 태도에 더욱 더 속이 상해 마구 소리를 지르며 아이를 야단치기 시작했다. 여기에는 자신의 아이에 대해 불친절하게 대한 점원에 대한 화도 포함되어 있었다. 아이가 말대답을 하며 눈물을 보이자 엄마는 더 화가 끓기 시작해 폭발할 지경이 되었다. 엄마는 더 크게 언성을 높이게 되었고, 아이가 고분고분하게 말을 듣지 않자 손이 올라갔다. 일단 한 번 아이에게 손을 대게 되자 그 엄마는 더 이상 통제가 불가능한 분노의 상태로 돌입하게 되어 주위를 의식하지 않고 마구 아이를 때렸다. 사람들이 흘깃거리고 수군거리는 것이 보이지도 들리지도 않는 것 같았다. 한참 소란을 피운 뒤 화가 어느 정도 가라앉자 현실사태를 파악한 엄마는 재빨리 아이를 데리고 사라졌다. 분노의 격정이 지나갔다면 자신의 행동을 후회했을 테지만 그렇지 않다면 주위를 의식하지 않아도 되는 으슥한 곳으로 아이를 끌고 가 실컷 화풀이를 했을 것이다. 그리고는 좀더 시간이 흐른 후에 후회했을 것이다.

후회의 감정과 함께 순간적으로 이런 행동을 하게 한 아이가 밉기도 할 것이다. 조금 더 지나면 아이보다는 점원이 더 미울 것이고 그 가게에는 다시는 가지 않을 것이다. 물론 참지 못하고 화를 내버린 자신에 대한 자책감이 주는 창피함과 함께.

화를 내는 진짜 이유

이와 유사하게, 별 것 아닌 일을 가지고 아이에게 분노를 폭발시키는 사람들을 쉽게 볼 수 있는데 그 경우 분노의 진짜 원인은 화를 낼 수 있는 '만만한 아이'가 아니라 공격해서 이겨내기에는 두려운 대상이나 상황일 경우가 대부분이다.

엄마가 짐을 들고 아이와 함께 버스를 탔다. 빈 자리는 보이지 않고 아이는 다리가 아프다며, 앉을 자리를 내놓으라고 칭얼대기 시작했다. 아무도 아이에게 자리를 양보해 주려는 기미가 없었다. 엄마는 짐을 든 상황에서 당혹스럽기도 하고 아이가 다리가 아프다며 칭얼대는데 못 본척하는 사람들이 야속하기도 했다. 이런 저런 생각에 혼란스러워진 엄마는 자신도 모르게 벌컥 '시끄러워' 하고 소리를 질렀다. 아이는 놀라 울기 시작했다. 사람들은 물끄러미 이들의 행동을 바라만 보았다. 더 당황해진 엄마는 아이에게 울지 말라고 머리를 쥐어박았고 급기야는 뺨을 때리고 말았다. 그러면서 만사에 다 화가 났다. 참지 못하고 우는 아이도, 멀뚱멀뚱 바라보기만 하는 버스 안의 사람들도, 버스를 타게 만든 자신의 경제력도, 이 모든 것이 혼재한 세상도…

옷가게이건 버스 안이건 남들이 보기에는 별 것도 아닌 일에 이성을 잃고 아이를 때리는 부모들의 경우 가장 문제가 되는 것은 자신의 감정을 잘 알지 못한다는 것이다. 정서지능이란 용어를 처음으로 사용한 셀로비와 메이어는 '정서지능이란 자신과 타인의 정서를 평가하고 표현할 줄 아는 능력, 자신과 타인의 정서를 효율적으로 조절할 줄 아는 능력, 그리고 자신의 삶을 계획하고 성취하기 위해 그런 정서를 이용하여 활용할 줄 아는 능력'이라고 했다. 여기서 위에서 예를 든 엄마들에게 부족한 것은 자신의 정서를 알아차리는 인식능력의 부족이라고 할 수 있다. 이것은 어떤 감정이 일어날 때 그 감정이 무엇인지를 알아채는 능력을 의미한다. 지금 일어난 감정이 아이에 대한 화인지 다른 원인에 대한 분노인지 잘 모른다면 상황에 대처해 나가기가 매우 힘들 것이고 잘못된 대처는 상황을 혼란스럽게 만들어 버릴 것이다. 심심한 아이가 말썽을 피운다거나 다리가 아픈 아이가 칭얼대는 것은 당연하다. 따라서 화가 나는 것은 아이에게 짜증을 낸 점원이거나, 택시를 이용하지 못하고 버스를 탄 자신의 경제력에 대한 것이거나, 아이가 칭얼대는 데도 모른 척하는 버스 안의 사람들일 것이다. 아이가 화의 주요 대상이 아니므로 아이에게 분노를 표출시킬 것이 아니라 내려서 택시를 타거나 버스 안의 사람들에게 자리양보를 권했어야 할 것이다.

분노 통제법

위의 여러 가지 예에서 보듯이 분노, 혹은 화라고 하는 정서는 다른 정서와는 달리 에너지를 지니고 있고 이 에너지는 쉽게 파괴적인 결과를 가져올 수 있다. 따라서 분노의 격정에 휘말려 이성을 잃었던 사람들은 그러한 자신의 행동에 화가 나 더욱 더 부적절한 행동을 하게 된다. 분노를 터뜨리는 것은 주먹다짐을 하게 하거나 법적인 시비를 야기하는 원인이 되기 쉽다. 분노는 한 번 시작되면 끝장을 보는 정서로서 중간에 개입을 하거나 통제하기가 매우 힘들다. 그러나 감정이 누그러지면 누구나 그때 잠시만 참을 걸 하며 후회를 하게 된다. 분노폭풍 뒤의 후회를 예방할 수 있는 분노 통제법 몇 가지를 열거하면 다음과 같다.

일단 피하고 보기

화가 나고 있다는 사실을 본인이 인식할 수 있다면 일단 그 자리를 피하고 보는 것이 최선의 방법이 될 수 있다. 심한 분노는 표출하면 할수록 되먹임이 되어 그 강도가 가속화되어 정점에 이르게 되지만 어느 정도 시간이 흐르면 저절로 가라앉는다. 따라서 저절로 화가 식을 때까지 산책을 하거나, 아이쇼핑을 하며 돌아다니거나, 혹은 밀렸던 집안일이나 빨래를 하는 것도 훌륭한 분노 통제법이 된다. 또는 오락실 같은 곳에 가서 '나쁜' 외계인을 잡기 위해 총을 쏜다거나 '못된' 두더지를 잡기 위해 망치질을 하는 것 같은 공격적인 오락을 열심히 하는 것도 좋은 방법이다. 이러한 방법들은 분노의 에너지를 사회적으로 용납되는 적절한 방식으로 표출하도록 해준다. 물론 이런 경우에는 자신이 화가 나 있다는 것을 인식할 수 있는 경우이다. 그러나 사람들이 마구 화를 내고 난 뒤 후회하는 경우는 분노의 에너지를 모두 폭발시키고 난 후가 대부분이다. 그러므로 화가 나는 도중에 자신을 통제할 수 없다면 일단 분노의 폭풍이 지나간 뒤라도 그 상황을 인지적으로 재구성해보는 것이 앞으로의 분노 통제에 효과적인 방법이 될 수 있다.

인지적 재해석

인지적으로 재구성하는 분노 통제법의 기본 원리는 다음과 같다. 외부 환경에서 위협이 되는 상황이 있어 두려움을 느끼게 되면 우리의 몸은 각성하게 된다. 즉 스트레스 호르몬이 분비되어 민감한 상태가 된다. 이 생리적 각성 상태를 그 개인이 머리 속으로 분노라고 해석을 하는 경우 우리는 실제로 정서적 분노감을 경험하게 된다. 즉, 외부의 위협 자체가 분노를 일으키는 원인이라기 보다는 그것을 어떻게 해석하느냐가 분노경험의 중요한 변수가 된다. 그러므로 분노를 해석하는 과정에 개입해서 인지적 해석을 재구성하게 되면 분노를 통제하는 것이 가능해진다. 노바코라는 미국의 심리학자는 이런 기법을 순간의 분노를 참지 못해 범행을 저지른 범죄자에게 적용해 많은 효과를 보았다. 인지적 재해석 기법을 교육받은 범죄자들은 이 기법을 배우기 전에 비해 화를 훨씬 덜 내고 화를 나게 하는 상황에 대해서도 효율적으로 대처하게 되었으며, 출소한 후에는 교육을 받지 않은 다른 범죄자들에 비해 사회적 적응이 더 빨랐다.

4장에서 보았듯이, 우리의 과거 정서경험이 정서뇌를 구성하는 편도체에 기억되었다가 유사한 상황에 쳐하게 되면 오래 전에 기억되었던 정서인 분노나 적대감이 그 상황과는 부적절하게 나타날 수 있다. S양은 어린 시절 지나치게 남존여비 사상을 강조하는 아버지 밑에서 자랐다. 남동생과 비교해서 S양이 공부도 더 잘하고 지적 능력이 우수했음에도 남동생에게 학비나 공부할 수 있는 여건을 모두 다 빼앗기고 고등학교를 간신히 졸업한 뒤 학업을 중단하게 되었다. 공부에 한이 맺힌 S양은 직장을 다니면서 방송통신대에 입학해 공부를 마쳤고 현재는 전문 직장여성으로 활동하고 있다. 그런데 직장에서 S양은 상사들과의 갈등으로 많은 스트레스를 받고 있다. 남자직원들에 비교해 불평등한 업무지시를 받거나 자신의 일이 아닌 남자직원의 일을 과외로 지시받았을 경우 곧바로 상사에게 달려가 바르르 떨면서 흥분된 언어표현과 행동을 하여 상사들을 당황하게 한다. 별 것 아닌 일에도 이런 일이 반복되면서 직장 내에서는 괴팍스럽고 조심해야 할 사람으로 낙인이 찍혔고 S양 자신도 소외감을 느끼게 되었다. 화를 내고 난 후에는 후회를 하고 다음에는 좀 참아봐야지 라는 다짐을 하고 또 하지만 이런 태도는 쉽게 고쳐지지 않았다. 결국 상담실을 찾은 S양은 한동안의 상담시간이 흐른 뒤에야, 상사에 대한 자신의 과장된 반응이 과거 아버지에 대한 분노감과 적대감이 일반화되어 자기 주변의 권위적 인물에 대해 사소한 것에도 돌발적인 감정을 드러내고 있다는 사실을 알게 되었다. 이후 S양은 이같은 상황에서 분노감을 느낄 때마다 '이 사람은 우리 아버지가 아니야, 난 상황에 맞지 않게 너무 민감한 반응을 보이고 있어' 하며 자신에게 타일렀다. 현재는 많은 부분이 통제되고 있다.

심상법

인지적 재해석 방법 외에도 분노의 통제에 효과적인 방법은 마음속으로 상상을 해보는 것이다. 심상법은 언제 어느 상황에서 화가 나는지를 목록으로 만들어 다시 그 상황이 온다면 어떻게 행동할 지를 상상해보는 방법이다. 운전을 하다가 무리하게 끼여드는 차가 생기면 앞 뒤 가릴 것 없이 쫓아가서 싸우고야 마는 K씨는 이런 행동 때문에 시간과 경비의 손해를 많이 보고 난 뒤에야 자신의 분노 해결법에 이상이 있다는 것을 인정하고 도움을 요청했다. 심상법의 절차에 따라 먼저 차가 끼여드는 여러 가지 상황을 설정해 놓고 그 때마다 어떤 행동을 할지를 목록으로 만들었다. 각 목록마다 하나의 드라마를 만들어 결과를 상상해보도록 했다(인기 TV 오락물의 인생극장을 상상하면 쉽게 이해가 될 것이다. 결정과 판단의 갈림길에서 두 개의 선택 중 어느 한쪽을 선택한 경우의 끝을 둘 다 보여주는 드라마 형식이다). K씨가 화나는 대로 할 경우 상상드라마의 끝은 파국으로 치닫는 현실의 결과와 거의 동일했다. 상상드라마의 결론이 K씨가 원하는 것이 아니었으므로 드라마의 중간중간에 다른 대안을 끼여 놓고 그 각본의 끝을 상상해보록 했다. 결국 이런 심상법의 결과 K씨는 이젠 끼여드는 차를 보고도 그냥 지나칠 수 있게 되었다. 굉장히 바쁜 일이 있는 사람이거나 응급상황에 처한 사람이겠지 라고 하는 자신의 상상각본을 믿으면서.

역할놀이

화가 났을 때는 화나게 만든 상대방과 입장을 바꾸는 역할극을 해보는 것도 효과적이다. 연아와 연지는 네 살 터울의 자매이다. 둘은 장난감을 가지고 많이 싸운다. 특히 초등학교 3학년인 연아가 동생인 연지에게 소리를 지르며 화를 많이 낸다. 연아의 장난감을 연지가 말도 없이 가지고 놀거나 망가뜨렸을 때는 격정의 노예라 할 정도로 화를 낸다. 부적절한 분노표출이 여러 번 반복된 후 연아의 엄마는 연아와 연지에게 역할놀이를 시켰다. 연아가 동생이 되고 연지가 언니가 되어 동생이 언니의 물건을 망가뜨렸을 때의 행동을 실제 동생인 연지가 언니처럼 화를 내거나 혹은 엄마가 연아에게 화를 내는 역할극을 하곤 했다. 몇 번의 역할극 끝에 연아는 소리를 지르며 화를 내는 것이 겉모양새로도 보기 흉하다고 말하기 시작했고 일단 망가진 장난감은 아무리 화를 내어도 원상 복구되지 않는다는 사실을 인정하기 시작했다. 그리고 난 후에는 화가 나는 상황에 적극적으로 대처했다. 즉 동생에게 미리 허락을 하든가(이럴 경우 빌려주었다고 생각하면 화가 덜 난다.) 아니면 동생의 눈에 띄지 않는 곳에 숨기든가(소극적이기는 하지만 안전한 방법이다), 가장 건설적인 방법으로는 동생에게 사용법을 가르치는 것이다. 만약 연아의 엄마가 연아가 화를 내는 상황에서 단지 엄마의 권위로 아이를 통제하려고 했다면 연아는 분노 통제법을 배우지 못했을 것이며, 엄마로 대표되는 권위가 있는 곳에서는 적절한 행동을 보였더라도 엄마가 없었을 때에는 여전히 화를 폭발시키는 아이로 남아 있었을 것이다. 엄마라는 권위가 사라져 버린 성인이 된 후까지도.

자신에게 혼자 말하기

또는 화가 나는 상황에서 혼자 크게 자기지시적인 말을 하는 것도 좋은 방법이라고 알려져 있다. 캠프라는 심리학자는 화가 나는 상황에서 네 단계의 자기지시적인 말을 사용할 것을 제안했다. 먼저, '잠깐 진정하자'라는 말을 큰 소리로 하면서 심호흡을 한다. 어느 정도화가 가라앉았다는 생각이 들면 다음으로는 '이제 어떻게 할까?'라는 말을 하면서 가능한 여러 가지 해결방법을 생각해 본다. 다음으로는 '그렇다면 가장 좋은 방법은 무엇이지?'라는 말을 큰 소리로 한다. 마지막으로는 '내가 무엇을 어떻게 했지?'라고 말하면서 이미 화가 가라앉은 자기 자신을 관찰하고 칭찬하는 것이다.

복식호흡법

인간의 몸과 마음은 동전의 양면 같아서 둘이면서도 하나인 관계이다. 몸의 상태는 마음에 영향을 미치며, 동일하게 마음의 상태 역시 몸에 영향을 미친다. 이런 관계성은 손가락 끝이 가시에 찔렸을 때 여러분의 마음상태가 어떠한지를 생각해보면 쉽게 이해할 수 있다.

몸이 마음의 상태에 영향을 줄 수 있다면, 마음이 편치 않을 때 몸을 인위적으로 편한 이완상태를 만듦으로써 마음의 이완에 영향을 줄 수 있다. 정서적으로 안정이 된 이완상태의 신체적 특징은 다음과 같다. 심박률과 호흡률이 느려지고 혈압이 내려가며, 온몸의 근육긴장도가 떨어지고, 신체대사율이 감소하며 산소소모량도 적어지는 상태가 된다. 이완상태에서 증가하는 것은 피부의 전기저항과 뇌의 알파파 발현의 정도이다. 신체가 위에 언급한 것과 반대의 상태에 있을 때 우리는 긴장, 불안의 상태에 있는 것이다.

몸의 상태를 조절하여 정신적인 이완상태를 얻을 수 있는 방법으로 대표적인 것이 복식호흡법, 점진적 근육이완법, 명상 등이다. 우리는 화가 나거나 긴장되어 있을 때 자기도 모르게 한숨을 쉬거나, 주위 사람들로부터 심호흡을 해보라는 제안을 받는다. 심하게 흥분되어 있는 상태에서 심호흡을 하고 나면 좀더 안정된 듯한 느낌을 받는다. 심호흡은 안정상태에서 작용하는 부교감신경을 자극하여 이완되게 한다. 또한 긴장불안 상태에서는 우리 신체에서 산도의 균형상태가 깨어지게 되는데 이 때 충분한 산소의 공급은 신체액의 산도에 영향을 미쳐 평형상태에 이르도록 도와준다. 불안 긴장의 초기에 안정을 찾을 수 있는 간편한 방법이 심호흡법이라면 어느 정도 연습이 필요하기는 하지만 점진적 근육긴장이완법이 분노를 통제하는 효과적인 방법으로 사용될 수 있다. 화가 날 때는 온몸의 근육이 긴장을 하게 되고 화가 풀린 상태에서는 근육이 이완을 하게 된다. 긴장과 이완은 시소처럼 하나가 올라가면 하나가 내려가는 길항작용을 한다. 따라서 화가 났을 때 근육을 이완시키게 되면 더 이상 분노가 진행되지 않는다.

점진적 근육이완법

점진적 근육이완법을 적용하여 안정되기 위해서는 먼저 편안하게 쉴 수 있는 장소가 필요하다. 편안한 장소에서 온몸 근육의 힘을 전부 빼고 있는 상태가 어떠한 상태인지를 경험한 후에 손과 팔, 발과 다리, 허벅지, 아랫배, 가슴, 어깨, 목, 눈, 미간, 이마의 순서로 의도적인 긴장상태를 몇 초간 만들었다가 이완하는 연습을 한다. 긴장과 이완의 차이를 기억하는 학습을 하는 것이다. 이완이 된 상태에서 자신이 가장 기분이 좋았던 상황(바람이 살랑거리는 해변가를 거닌다거나, 풀 향기가 기분 좋게 나는 오솔길을 산책하는 등의 심상)을 상상하는 것은 긴장이완에 커다란 도움이 된다. 이런 연습을 하루에 이십 분 가량 두 번씩, 2주정도 진행하면 긴장의 상태에서 이완의 상태로 쉽게 진입할 수 있다. 이것이 완전히 학습되면 실제로 화가 나고 긴장이 되는 상태에 처했을 때 그 상황에서 점진적 근육이완법을 사용하여 깊은 이완 상태인 편안한 기분이 될 수 있다.

명상법

최근에는 명상이 긴장이완에 도움이 된다는 연구결과가 많이 나오고 있다. 명상의 상태에 들어가면 뇌파의 일종인 알파파가 증가한다.

알파파는 기분이 좋고 편안할 때 많이 볼 수 있는 뇌파이다. 따라서 명상을 하는 것도 분노와 긴장을 이겨내는 훌륭한 방법이 될 수 있다. 명상법은 크게 집중명상법과 통찰명상법으로 나누어 볼 수 있다. 집중명상법은 만다라나 만트라 등을 사용하는 방법이나 한 가지 화두에 몰두하는 방법 이 대표적인 것이다. 집중적 명상법이 일반인이 응용하기에 어렵다면 통찰명상법은 그보다는 실생활에 응용이 좀더 용이하다. 통찰명상법은 무슨 일을 하든 간에 매순간 마음에서 일어나는 사건들을 주의깊게 관찰하는 것이다. 예를 들어 설거지를 한다면, 물 흐르는 소리, 그릇이 손에 닿는 느낌, 설거지 그릇과 물의 냄새, 물의 색과 그릇의 모양 등, 우리의 모든 감각을 동원하여 그것이 주는 느낌에 몰입하는 것이다. 설거지를 빨리 끝내고 빨래를 해야겠다는 생각이나, 설거지는 지겹고 하기 싫다는 생각 등 감각과 관련 없는 모든 생각을 배제하고 오직 설거지와 설거지가 주는 감각에만 온 정신을 쏟는 것이다. 이럴 경우 알파뇌파가 증가하면서 안정이 된다. 실제로 오늘부터 적용해 보시길.

불안 : 해결되지 않는 공포

정체없는 불안과 정체있는 두려움

두려움과 불안은 비슷한 정서이나 두려움이 외부에 위험이나 위협의 대상이 뚜렷하게 존재할 때 생기는 데 반해 불안은 위험이나 위협의 대상이 모호할 때 생기는 정서이다.

예를 들어, 산길을 걸어가는데 눈 앞에 실제 뱀이 나타나면 깜짝 놀라면서 동시에 두려움을 느낀다. 그러나 눈 앞에 뱀과 비슷하게 생긴 나뭇가지가 나타나면 그것이 나뭇가지로 밝혀지기 전까지는 불안을 느낀다. 또는 과거에 뱀에 물린 불쾌했던 경험이 기억 속으로 떠오른다거나, 산길에서 뱀이 나타날지도 모른다라는 예측 역시 불안을 일으킨다. 이런 차이점 때문에 학자들은 불안을 해결되지 않은 공포나 두려움이라고도 부른다.

그러나 산길에서 뱀이 나타날지도 모른다는 생각 때문에 생기는 불안이나 두려움은 모든 종류의 동물에게 있어서 없어서는 안될 꼭 필요한 정서이다. 불안이나 두려움을 느낀다는 것은 신체의 모든 기관이 바짝 긴장하며 비상경보상태에 들어가는 것을 의미하므로 불안이나 두려움을 느끼지 않는 경우에 비해 도망이나 회피행동을 보다 더 빨리 그리고 정확하게 할 수 있다. 즉, 상황에 적합한 두려움과 불안은 비정상적인 것이 아니라 효율적으로 위험에 대처할 수 있게 하는 정상적인 정서반응이라고 볼 수 있다. 그러나 두려움과 불안이 대상이나 상황에 부적절하게 나타나거나, 필요한 정도보다 더 크게 그리고 자주 나타나고 더 오래 지속되어 정상적인 생활에 지장을 주게 되면 불안장애라고 불리는 부적응 상태가 된다. 불안이 지나쳐 현실적응에 문제가 생기는 사람들은 남들에게는 '걱정을 사서 하는 사람', '하늘이 내려 앉을까봐 불안해 하는 사람'으로 보이지만 정작 본인은 하늘이 무너질까봐 불안해서 집 밖으로 나갈 수가 없다. 남들이 이해할 수 없는 불안과 공포는 이들의 개인적인 삶이나 사회적인 삶 모두를 황폐하게 만들게 된다.

하늘이 무너질까봐, 땅이 꺼질까봐

M씨는 초등학교와 유치원에 다니는 딸 둘이 있는 직장여성이다. M 씨가 직장에 다니기 때문에 아이들은 학교와 유치원에서 돌아오면 직접 문을 열고 집에 들어와 가방을 내려 놓고 차려 놓은 음식을 먹고 학원으로 간다. 학원이 끝난 후에는 집에서 엄마가 퇴근하기를 기다린다. 날마다 M씨는 아이들이 하교할 시간, 점심을 먹을 시간, 학원에 도착할 시간, 다시 집에 돌아올 시간에 집으로, 학원으로 전화를 해서 아이들의 안전을 확인한다. 아이들이 학교에서 예정에 없이 늦게 끝나거나 노는 일에 정신이 팔려 정해진 시간에 전화확인이 안될 경우 M씨는 극도의 불안과 공포에 시달린다. 아이들이 성범죄자에게 끌려가 성폭행을 당하는 장면이나, 교통사고가 나서 심하게 다친 장면이나, 베란다에서 추락하는 장면 등 아이들이 안전하지 않은 모든 상상 장면이 머리 속에서 필름처럼 돌아간다. M씨는 온몸에서 진땀이 나고, 숨이 가빠지며, 금방 심장이 멈출 것 같은 공포에 휩싸인다. 결국 M씨는 경비실로, 학원으로, 옆집으로 전화를 하다가 그것도 안되면 광란의 상태에서 퇴근을 한다. 아이들이 안전하게 있는 것이 확인되면 그때서야 안심이 되면서 온몸에서 힘이 쭉 빠지고 세상이 의미없게 느껴지며 사소한 일에도 눈물이 나고 신경질적으로 변한다. 시간이 지나 어느 정도 안정이 된 후에는 '내가 왜 이럴까?' 라는 생각과 함께 다음 번에 동일한 상황이 닥치면 이전과 같이 당황하거나 조급해 하지 않고 '잠시 어디 들렀나보다' 하는 식으로 차분하게 대응하고 조금 후 다시 전화해야지 하고 결심을 한다. 그러나 동일한 상황이 닥치면 다시 똑같은 불안상태를 보인다. 이와 같이, 이성적으로는 자신의 행동이나 정서반응이 합리적이지 못하다는 것을 알지만 그 상황만

되면 가슴이 덜컥 내려앉으며 불안으로 안절부절 못하게 되는 것이 불안장애의 문제이다.

'걱정을 사서 하는 사람' 혹은 '소심한 사람'이라는 평가를 주위에서 받는 사람들의 경우 매사에 쉽게 반복되는 이런 불안행동이 그런 평판의 원인일 가능성이 크다. 가스불 잠근 것을 확인하고 외출했음에도 꼭 가스불을 잠그지 않은 것 같아 느긋하게 외출을 즐기지 못하고 바쁘게 귀가하는 주부들이나, 더 심하게는 자신의 집이 가스폭발로 엉망이 된 듯한 상상 때문에 극도의 불안감을 느끼며 밖에서 일도 보지 못하고 어쩔줄 몰라 하다가 결국은 만사를 제쳐놓고 집에 돌아와서야 불안감에서 해방될 수 있는 주부들, 혹은 외출만 할라치면 대문을 잠그지 않은 것 같아 몇 번씩이나 되돌아와서 잠긴 대문을 확인해야만 안심이 되는 경우나 중요한 서류를 빼놓은 것 같아 출근길이 불안한 직장인, 밤새도록 한 작업이나 숙제가 이유도 없이 갑자기 다 사라져 버릴 것 같은 생각 때문에 잠못이루는 학생, TV에서 사건이나 사고만 발생하면 그것과 아무 상관이 없는 장소에 있는 내 아이가, 내 남편이, 내 부모가 혹시 하는 생각으로 가만히 있지 못하고 여기저기 확인전화를 하는 사람 등이 모두 이런 불안장애의 예가 될 수 있다.

패닉

불안과 함께 나타나는 비합리적인 두려움을 공포증이라고 부르며 공포증이 극에 달해 식은 땀이 나고, 호흡이 가빠지며, 심장이 두근두근거리고, 머리가 멍해지며, 금방이라도 죽을 것 같은 상태가 몇 초에서 몇 분간 지속되는 것을 공황발작 즉, 패닉어택이라고 한다. 불안만

있는 경우에 비해, 불안과 극도의 공포증이 함께 하는 이런 공황발작
은 불안에 빠진 사람을 심각한 광란의 상태로 밀어 넣는다. 불안수준
이 높은 사람이 공포증을 일으키는 상황이나 대상과 마주치게 되면
패닉상태가 되며 그 상황이나 대상을 피하려고 하면 할수록 증상은
더 심하게 된다. 따라서 불안공포증이 있는 사람은 아예 처음부터 그
런 상황이나 대상과 마주치지 않으려고 무척 애를 쓰게 된다. 예를 들
어, 고소공포증이 있는 사람은 고층빌딩에 올라가는 것이나 비행기를
타는 것을 피하려고 많은 노력을 한다.

　불안감과 무서움이 함께 나타나는 공포증의 경우는 불안감만 나타
나는 경우보다 현실적응이 더 어렵다. 이런 비합리적인 공포증을 크
게 세종류로 나눈다. 특정한 대상이나 특정한 활동에만 공포를 느끼
는 경우를 단순공포증이라 하며 불안과 공포를 일으키는 대상은 뱀이
나 피 혹은 바퀴벌레 등과 같이 사람에 따라 매우 다양하다. 사람들
앞에서 이야기를 한다거나 일을 하는 등 사회적인 관계와 상관이 있
는 상황에서 과도하게 불안해하거나 공포를 느끼는 경우를 사회공포
증이라 하며 대인공포증, 발표공포증, 식사공포증, 공중변소공포증
등 취약한 관계성에 따라 여러 가지 종류가 있다. 많은 사람들이 호소
하는 또 다른 공포증으로 광장공포증을 들 수 있다. 이들은 어떤 문제
가 발생했을 때 자신이 안전하지 않다고 느껴지는 장소에 있을 때는
무서움을 느끼게 되고 이에 대한 무서움으로 정상적인 작업을 할 수
없는 상태에 이른다. 이 세 가지 공포증을 차례로 살펴보면 다음과 같
다.

불결한 것은 무섭다 : 단순공포증

고소공포증, 에레베이터공포증, 물공포증, 동물공포증 등이 단순공포증에 속하며 불결공포증도 단순공포증의 하나로 분류된다. 불결공포증에 시달리는 사람은 실제로 불결하거나 청결한 것과는 관계없이 무조건 다 불결하다는 느낌으로 공포감을 지니게 된다. 따라서 여기서 벗어나기 위해 몸을 씻거나 청소를 하거나 빨래를 한다. 일상적으로 씻는 것만으로는 더러움이 없어지지 않는다는 생각이 들면 또 무서워지므로 씻는 시간이 점점 더 길어져 나중에는 깨어 있는 시간을 전부 씻는 일로 보낸다. 물로만 씻어서는 안심이 안 되므로 비누를 사용하여 씻고, 그냥 비누보다는 강력한 세제와 수세미가 더 안심이 된다. 무엇인가를 약간이라고 만지고 난 후에 불결하다는 생각이 조금이라도 들면 곧 다시 몸을 씻어야만 하고 그래도 안심이 안 될 때는 크레졸 원액에 몸을 씻어 심각한 화학적 화상을 입기도 한다.

아주 심각한 경우가 아니면 이런 비합리적이고 소모적인 불안과 공포증은 특정 대상에만 한정되며, 불안을 야기하는 원인만 피한다면 어느 정도는 정상적인 생활을 영위할 수 있다.

사람이 무섭다 : 사회공포증

사회공포증은 사회적 관계나 상황에서 행동하는 것에 대해 병적인 불안과 공포를 느끼는 것을 지칭한다. 다른 사람이 있는 데에서 식사를 하려고 하면 극도의 불안과 공포가 밀려와 식사를 할 수 없거나 식사 후에는 꼭 배탈이 나는 사람이나, 공중화장실에서는 옆 사람이 보는 것 같아서 배변을 할 수 없는 사람 또는 사람들 앞에 서면 긴장을 느끼는데 특히, 이성만 보면 기절할 것 같은 이성공포증 등이 있다. 사회공포증에서는 자신이 당황하는 모습을 상대방이 알게 되면 어떻게 하나 하는 생각으로 불안이 더욱 더 가중되는 악순환을 보인다. 이런 생각의 저변에는 거부될 것이라는 공포가 깊이 깔려 있다.

사회공포증중의 하나인 발표공포증을 지닌 다음의 예를 보면 불안과 공포증이 얼마나 비합리적인 정서인가를 알 수 있다. M양은 세칭 일류대학을 다니고 있는 여대생이다. 고등학교 때에는 전교에서 항상 수위에 들었기 때문에 자신이 상당히 똑똑하다고 자부하며 살았다. 대학에 들어오자 비슷한 수준의 아이들을 만나게 되었고, 고등학교 때와는 달리 자신이 그렇게 똑똑하지 않은 것 같다는 생각을 갖게 되었다. 이런 생각이 들자 남들이 자신을 무시하면 어떻게 하나하는 생각이 들었고 수업시간에 첫 발표를 해야 하는 시기가 다가오자 남들이 깜짝 놀랄 정도로 발표를 잘 해야겠다는 생각에 도서관에 파묻혀 철저하게 발표준비를 했다. 참고서적도 많이 읽었고 발표주제와 맞춰 요약과 정리를 했다. 발표시간이 다가오자 지나친 기대와 욕심으로 심장뛰는 소리가 유달리 크게 들리고 호흡이 가빠지기 시작했다. 이를 참으며 발표를 해 나갔다. 절반 정도 발표했을 때 뒤쪽에 앉아 있던 남학생이 문을 열고 나갔다. M양은 자신의 발표가 시시하고 들을 것이 없어서 그 남학생이 나갔다고 생각했다. 그러자 다시 가슴이 더 방망이질하기 시작하더니 급기야 답답함을 느꼈고, 말을 해야만 하는데 적절한 단어가 생각나지 않기 시작했다. 얼굴이 빨개지며 당황하는 소영이를 보고 몇몇 학생이 웃으며 뭐라고 하는 것 같았다. M양은 그 장면이 마치 들을 것도 없는 발표를 그만 끝내고 내려오라는 야유로 느껴졌다. 그 이후로는 무엇을 이야기했는지 기억도 나지 않았고 어떻게 단상에서 내려왔는지도 모르는 상태에서 그 시간이 끝났다. 교수가 발표준비를 성실히 했고 발표도 좋았다는 평가를 해주었으나 M양은 그런 평가가 자신을 놀리기 위한 것이거나 자신을 동정해서 하는 말로 밖에는 들리지 않았다. 그 후로 M양은 매우 창피했고, 남들이 자신을 바보로 보지 않을까하는 두려움에 발표를 해야 되는 시간이 되면 공황발작의 증상을 보였다. 이로 인해 수강신청을 할 때에도 아예 발표를 하지 않아도 되는 과목만 골라서 들었다. 발표를 하지 않는 교양과목을 들을 때까지 M양의 학점은 매우 우수한 편이었다. 그러나 발표를 하는 전공과목을 들어야만 하는 학년이 되자 발표공포증은 점점 더 심해졌고 점차 학교를 꼭 다녀야만 하는가 라는 생각과 함께 학교건물만 보아도 숨이 막혔다.

집 밖이 무섭다:광장공포증

집 밖에 나가는 것을 불안전하게 여기며 두려워하는 공포증을 광장공포증이라 한다. 광장공포증을 지닌 사람은 불안과 공포를 야기하는 집밖의 생활을 회피하여 가능한 한 집 안에서 은둔자적인 생활을 한다. 심하면 식량이 떨어져도 식량을 구하러 나오는 것이 불안스럽기 때문에 영양결핍으로 고생을 하며, 아파도 치료를 받으려 하지 않다가 사망하는 경우도 있다.

심한 공포증 때문에 사회생활을 하지 못하고 인생을 비참하게 마감한 대표적인 사례는 미국 뉴욕에서 살던 콜리어 형제를 통해 볼 수 있다. 유복한 가정에서 태어나 많은 재산을 물려받은 콜리어 형제는 광장공포증 때문에 모든 사회생활을 철회하고 집 안에서만 살았다. 꼭 필요한 일, 즉, 식량이나 물을 얻기 위해서만 한밤중에 살며시 집 밖으로 나왔다가 재빨리 들어가곤 했다. 이들 형제는 집 안에 있는 것만으로는 안심이 안되었다. 누군가 집에 들어올지도 모른다는 생각에 형제는 집의 창문과 입구를 여러 가지 가구와 물건, 그리고 함정을 사용해서 막았다. 집 안에 드나들기 위해서는 잡동사니 사이에 난 굴을 통해서 기어다녀야만 했다. 이런 생활이 10년 넘게 지속된 후, 동네 사람들은 이들을 전혀 볼 수 없었고, 이들이 사망했을지도 모른다는 추정 끝에, 경찰은 여러 시간에 걸쳐 쓰레기를 치운 후에야 집 안에 들어가게 되었다. 형제 중 한 명은 음식물을 구해 집 안으로 들어가다가 자신들이 설치해 놓은 함정에 빠져 사망했고 나머지 형제는 그 형제를 기다리다가 굶어 죽어 있었다. 이들의 집에서는 외부와의 차단을 위해 사용된 잡동사니가 수백 톤이나 나왔다. 사회적으로 안정된 경제력을 지녔던 이들을 이런 상황으로 내몰은 공포감의 원인은 무엇이었을까? 직접적인 원인이 무엇이었든간에 일반인이 표면적으로 쉽게 납득하기에는 어려운 비합리적인 이유였을 것이다.

불안과 공포증의 원인은 무엇인가?

사람들은 왜 불안해하고 공포증에 걸리는가? 과거의 두려웠던 경험이 원인들 중 하나가 될 수 있다는 것이 불안을 연구하는 심리학자들의 일치된 견해이다. 즉, 어렸을 적에 개에게 크게 물린 적이 있는 아이는 자라서 개를 상상만 해도 불안해지고 공포를 느끼게 되며, 자동차사고로 고생을 심하게 한 사람은 차와 관계된 모든 상황-자동차를 타는 것부터 시작해서 경적소리, 엔진소리-에서 불안해하고 공포를 느낄 수 있다.

공포를 느끼는 것이 경험에 의해 학습된다는 것을 1920년대의 행동주의 심리학자인 왓슨이 실제 실험을 통하여 보여주었다. 왓슨은 11개월된 남자아이인 엘버트가 흰쥐와 평화롭게 놀고 있을 때 갑자기 커다란 소리를 내어 아이를 깜짝 놀라게 했다. 흰쥐와 놀 때마다 이런 일을 몇 번에 걸쳐 반복했더니, 이후 엘버트는 흰쥐만 보면 울고 가까이 가지 않으려 하고 발버둥쳤으며 나중에는 흰 모피코트나 산타클로스의 흰 수염만 봐도 깜짝 놀라며 마구 울어대는 공포반응을 일으켰다. 동물을 사용한 유사실험의 경우에도 아무렇지도 않던 중성자극이 나중에는 비합리적인 극도의 공포반응을 불러일으켰다. 개에게 종소리와 전기쇼크를 함께 들려주는 실험을 하는 경우, 실험 전에는 아무렇지도 않던 종소리가 실험 후에는 극렬한 공포반응을 일으켰다. 이때의 공포반응은 전기쇼크가 주는 공포반응과 유사한 것이었다.

왓슨 실험에서의 알버트 경우처럼 비합리적인 공포감이 학습된다는 것을 잘 보여주는 예가 7살난 남자아이인 지일이의 경우이다. 지일이는 병원 표시나 흰 가운을 입은 사람만 보면 그냥 얼어버린다. 식은땀을 흘리며 소리도 지르지 못하고 그 자리에서 선 채로 바지에 오줌을 싸거나, 얼굴이 백짓장처럼 되며 기절해 버린다. 평상시의 행동과는 다른 지일이의 이런 행동에 놀란 부모는 상담실을 찾았다.

상담을 받는 가운데 유달리 '무섭다'라는 단어를 자주 쓰는 지일이를 이상하게 여긴 상담원은 지일이의 어린시절 경험이 이런 행동의 원인임을 알게 되었다. 지일이는 돌을 갓 넘겼을 때에 심장병으로 병원에 입원하게 되었다. 병원에 입원하고 있는 동안 지일이는 쉴새없이 정맥주사와 근육주사를 맞았다. 지일이가 입원해 있던 소아병동에서는 주사를 놓을 때마다 아이를 주사실로 데려갔다. 물론 지일이의 부모는 주사실에 들어갈 수가 없었다. 주사실은 한평 남짓한 조그마한 방으로 흰색으로 칠해져 있었고, 주사실 안에는 아이에게 주사놓는 것을 배우려고 하는 흰색 가운의 의대학생들이 예닐곱 명씩 항상 함께 있었다. 맨처음 주사를 놓는 날, 주사실 안에서 발버둥치는 지일이를 제어하기 위해 흰가운을 입은 간호사들은 아이를 움직이지 못하도록 여러 명이 나누어 꼭 잡고 있었다. 모르는 사람들 사이에 둘러쌓여 아무리 울어도 엄마와 아빠는 구하러 오지 않았다. 여러 번의 시행착오를 겪고 난 후에 결국 이마에 수액주사를 맞게 되었다. 그날 이후 며칠간 반복되는 이런 일에 지일이는 흰가운만 보면 소스라치게 놀라며 울었다.

그러나 며칠이 지나자 울어도 소용이 없다는 것을 학습한 지일이는 울지 않았다. 흰가운을 보아도 고개를 외로 돌리고 눈을 감고 있는 것이었다. 주사도 거의 울지 않고 맞았다. 그러나 주사를 맞고 난 후에는 항상 옷에 오줌을 쌌고 몇 시간 동안은 잘 먹지도, 웃지도, 울지도 않았다. 지일이가 만 1살 때 겪은 일이었고 자라면서 아이가 그 당시의 일을 말하지 않았으므로 부모는 그때 그 사실을 잊어버렸으나 아이는 정서적으로 잊어버리지 않고 있었다. 하얀 옷을 입은 사람이나 병원 표시 십자가는 지일이에게는 숨막히는 공포와 불안, 무기력감의 대상이었던 것이다.

이런 정서적인 경험이 의식에 떠오르지 않고 계속 한 개인의 행동에 영향을 미치는 것은 정서를 담당하는 뇌와 인지를 담당하는 뇌가 다르기 때문이다. 이것은 앞장에서 언급한 유아기 기억상실증과 동일한 맥락에서 파악할 수 있는 사례이다.

누구나 무서워하는 것 : 보편적 공포증

진화의 산물로 보이는 것으로 대부분의 사람들이 보편적으로 느끼는 공포감이 있다. 어두움에 대한 공포가 한 예가 될 수 있다. 어린시절 대부분의 사람들은 깜깜한 어두움을 무서워한 경험을 지니고 있을 것이다. 성인이 되어서도 어두움을 무서워하는 사람들이 생각보다 많이 있다. 밤이면 찬란하게 빛나는 현대 문명의 대표격인 네온사인도 이런 특성을 반영하는 것이라고 주장하는 사회생물학자도 있다. 그렇다면 왜 어두움은 보편적인 무서움의 대상일까?

보편적인 무서움은 진화의 단계에서 생긴 종 특유의 행동이라고 보는 견해가 있다. 즉 자신의 생존에 가장 위협이 되는 대상이나 상황을 무서워한다는 것이다. 사람은 어둠 속에서는 잘 볼 수 없는 눈을 가졌다. 어두울 때는 적과 동지를 구분하기가 힘드므로 매우 취약한 상태가 된다. 그러나 야행성 동물인 경우는 이와는 상황이 다르다. 야행성 동물은 밤에 특히 잘 보이는 눈을 가지고 있으므로 가장 활발한 행동을 할 수 있다. 인간에게는 밤이 무서움의 대상이 될 수 있지만 야행성 동물에게는 편안한 상태가 된다.

이런 관점에서 1970년대 실험심리학자인 마틴 샐리그만은 인간이 보이는 공포감과 실험실 상황에서 인위적으로 만들어 낸 동물의 공포감 사이에는 유사점도 있지만 차이점도 있다는 것을 설명했다. 가장 커다란 차이점은 실험동물은 실험에 참가하기 전에는 동물에게 아무런 의미도 없던 자극, 즉 부저 소리나 전기쇼크 등의 중성자극에 대해 실험 후에 공포반응을 잘 보였다. 그러나 인간의 경우에는 그러한 중성자극보다는 인간에게 의미가 있다고 생각되는 자극에 공포감을 쉽게 보였다. 즉 종소리나 전기쇼크에 공포반응을 보이기 보다는 인간에게 의미있는 대상인 뱀, 바퀴벌레 등이나 의미있는 상황인 광장, 고층 등에서 더 쉽게 공포반응을 보였다.

이런 특성은 인간이 진화적으로 어떤 것은 쉽게 배우고 어떤 것은 배우기가 어렵게 되어 있으며, 생물학적으로 배우기 쉬운 것은 강력하게 학습되고 오랫동안 잊어버리지 않는다는 것을 의미한다. 위험한 것은 쉽게 배워야 하고 일단 학습한 것은 오랫동안 기억하여야 생존에 유리하듯이 과도한 공포감 역시 한 개인이 개별적으로 위험하다고 의미를 부여한 대상이나 상황에 이같은 인간적 특성을 지나치게 적용한 현상이라고 볼 수 있다.

불안감과 공포장애의 극복

불안과 공포장애를 치료하는 방법은, 이미 불안을 야기하는 대상이나 상황이 본질적으로 두려운 것이 아니라는 사실을 이성적으로는 알고는 있으나 실제장면에서는 아는 것과는 관계없이 불안감과 공포심같은 부정적인 감정들이 나타난다는 사실을 깨닫는 것부터 시작한다. 따라서 불안감에서 벗어나는 가장 쉽고 단순한 방법은 가능한한 불안을 야기하는 장면을 피함으로써 심리적 안정을 되찾는 것부터 시작된다. 그러나 현실이라는 것이 항상 불안장면을 피할 수 있는 것만은 아니므로 적극적으로 해결방법을 찾는 것이 필요하다. 불안치료에 가장 널리 쓰이는 방법 중의 하나가 체계적 둔감법이다.

체계적 둔감법

체계적 둔감법은 불안 극복에 쓰이는 방법 중에서 매우 효과가 높은 방법이다. 특히 공포증의 치료에 효과가 탁월하다. 우선 공포증 환자를 공포를 야기하는 상황에 직면하도록 동기화시키고 고무시킨 다음, 공포를 아주 조금 느끼는 상황부터 시작하여 점진적으로 공포감을 많이 느끼는 상황을 상상하도록 유도한다.

예를 들어 뱀을 무서워하는 사람이라면 매우 먼 거리에 뱀이 있는 것을 상상하는 것으로 시작한다. 그 상상이 더 이상 불안을 야기하지 않으면 상상의 거리를 단축시키고 상상의 마지막에는 뱀과 함께 있는 자신을 상상하도록 한다. 이 단계가 성공적으로 끝나면 먼 거리에서부터 실제 뱀을 보여주기 시작하여 함께 있는 경우까지 진행한다. 이렇게 되면 뱀에 대한 공포증은 사라지는 것이다. 뱀만 생각하면 죽을 것 같은 패닉에 빠지는 뱀공포증 환자를 이런 방법으로 치료하면 몇 개월 이내에 뱀을 몸에 감고 놀 수 있을 정도에 이른다.

또 다른 방법으로는 공포증환자가 두려워하는 상황에서 정상적으로 잘 지내는 다른 사람을 보여주는 모델링 방법이 있다. 다른 사람이 전혀 두려워하지 않고 뱀을 가지고 노는 비디오 테이프를 보여주는 것부터 시작하여 실제로 뱀과 함께 있는 것을 보는 것은 공포증의 치료에 좋은 효과를 가져올 수 있다. 이때 모델링의 대상이 되는 사람이 공포증을 느끼는 사람과 친근할수록 그 효과는 크다.

이외에도 분노의 통제와 조절에 사용된 인지적 재해석, 심상법, 근육이완법 등의 사용도 불안과 공포증의 치료에 좋은 영향을 미친다.

감정이입

저 사람의 기분은 어떨까 : 타인의 감정인식

자신의 정서를 이해하고 수용한 후에야 타인의 정서를 이해할 수 있다. 타인의 정서를 적절히 이해하지 않고서는 사회생활이 어려울 수밖에 없다. 주변의 사람들이 불쾌한 감정을 가지고 있는지, 기분좋은 상태에 있는지를 모르면서 어떻게 가족생활이나 사회생활을 원만히 하겠는가?

Y씨는 아침에 부부싸움을 하고 직장에 나왔다. 부하직원인 A씨가 아침인사를 한다. Y씨의 불쾌한 감정을 이해하지 못하고 "오늘 날씨가 참 좋네요. 어디선가 신문에 난 것인데요 정말 효과보는 대머리 치료약이 나왔답니다. 과장님 얼마 있으면 더 젊게 보이겠어요." 평소에는 자신의 대머리에 대해 농담을 잘 하던 과장이 오늘따라 화를 낸다.

"아침부터 왠 쓸데없는 소리야! 자네는 그런 것밖에 생각 못해?" '별 것도 아닌 걸로 왜 신경질이셔?' 라는 생각이 들며 머슥해진 직원은 기분이 나빠진다.

자기 주변 사람들의 기분을 잘 알지 못하면 공동생활의 분위기도 나빠지고 사람들간의 협조도 힘들게 된다. 회사에서 중요한 상담을 하거나 상관한테 어려운 의견을 제안하려고 한다면 이럴 때일수록 상대방의 감정을 잘 파악하여 상대방이 기분좋을 때 하라.

앞에서 언급한 A씨와 같은 사람은 자기자신의 느낌에 대해 무감각할 뿐만 아니라 그의 아내, 또는 사무실의 동료 등 다른 사람들의 감정에도 무디다. 자신의 정서를 인식하지 못하고 표현하지 않는 것뿐만 아니라 감정이입 능력도 부족하다. 또한 엉뚱하고 분위기 없는 농담을 잘 한다.

감정이입이라는 말은 '자기 스스로 타인의 감정을 느껴본다' 는 뜻이다. 감정은 사람들간에 전이되는 경향성이 있다. 침대에 조용히 누워있는 어린아이의 경우 옆에 있는 어린아이가 울면 곧 따라 운다. 이와 같이 정서적 공감은 극장에 구경온 청중 속에서도 쉽게 볼 수 있다. 즉 한쪽에서 박수를 보내면 다른 사람들도 덩달아서 박수를 친다. 또 운동경기장에 구경온 사람들의 경우에도 의식하지 못하면서 운동선수의 몸짓을 흉내내게 된다.

이와 같은 감정이입은 스스로 상대방의 감정을 느껴 봄으로써 그의 감정을 이해하고 그의 경험세계의 내용을 파악할 수 있게 해준다.

하루는 A씨 부인이 넌즈시 요즘 자신의 기분이 좀 우울하다고 말했다. 그녀는 남편이 자신의 감정을 알아주고 위로해 주었으면 하고 기대했다. A씨는 그런 얘기를 들어도, 아내의 우울한 얼굴을 보아도 아무런 느낌이 일어나지 않았다. 아내가 한 말이나 나타내는 감정에 공감하지 못하여 아무런 반응을 보이지 않는다. 아내가 멋적어 하면서 자신의 기분을 말하려고 하면 그는 이야기를 딴 주제로 바꾼다. 반면 아내가 한 일에 대해서는, 잘못된 점을 알고 나면 도움이 되리라는 생각에 사사건건 비판을 잘 한다. 그런데 사실 그런 비판은 아내의 기분을 더 언짢게 할 뿐 문제를 해결하는 데에는 전혀 도움이 되지 않는다.

공인된 머리좋은 바보 : 실감정 언어화증

컴퓨터 이용자 중 사이버스페이스에 빠져서 자신의 감정을 느끼지도 표현하지도 못하는 사람들이 있는데 이들 역시 주위 사람들의 감정을 알아차리지도 배려하지도 못하는 훌륭한 바보들이다. 이들에게는 다른 사람들의 암시, 완곡한 표현, 반어법 등이 통하지 않으며 나아가서는 직접적인 정서적 호소도 통하지 않는다.

이들은 사물을 생각할 때 마치 컴퓨터 프로그램처럼 논리에 맞는 이론이나 모델에 근거하지 않으면 심기가 불편하다. 이런 증상을 무감각증, 테크노의존증, 사이버매니아 등으로 불러왔는데 일본의 한 정신과 의사가 이런 증상을 통털어 실감정 언어화증이라고 명명했다.

이들은 컴퓨터가 주는 데이터에만 의존해서 객관적이며 단정적인 판단을 한다. 자신들의 계산에 의하면 최적의 판단을 한 것임으로 논란의 여지가 없다고 생각한다. 이런 사람들은 대부분이 자타가 공인하는 머리가 좋은 사람들이다. 그들은 자신의 희노애락 등의 감정을 언어화 할 수 없고 잘 느낄 수도 없으며, 정서가 배제된 사실관계만을 정확히 기술할 수 있으며, 창의력이 부족하고 전체를 조망하는 능력이 결여되어 있다. 이들은 환경에 잘 적응하지 못하며, 그 탓을 전부 지적이고 논리적인 이유를 달아 다른 사람의 탓으로 돌린다.

무언가 막고 있다

K씨네 딸아이가 교통사고로 크게 다쳤다. 뇌수술을 받았지만 후유증 때문에 말도 제대로 못한다. 그 애 엄마는 참담한 심정이다. 그런데 남편은 별로 감정이 없어 보인다. 슬퍼하는 기색도 없거니와 딸에게 따뜻한 손길 한번 내밀지 않는다.

K씨는 그의 아내에게도 위로의 말 한마디 없다. 원래 무뚝뚝한 편이지만 아내에게 이 상황은 도무지 이해가 가지 않는다. K씨 아내는 요즘 결혼을 한 데 대해 후회하고 있다. 남편이 돈은 잘 벌어다 주지만 매사에 너무나 무심하고 도대체 인간적인 감정같은 것을 찾아볼 수 없다. 그녀는 그간 감정을 이끌어 내려고 노력도 했다. 그러나 전혀 반응이 없었다. 딸아이를 치료하는 동안 남편은 의사에세 이런 말을 했다. "가끔 제 속 마음을 드러내고 싶을 때가 있지만 목구멍에 뭔가 꽉 차 있어 나오지가 않습니다."

고문관의 특징

감정이입을 하려면 먼저 자신의 정서, 느낌을 인식할 수 있어야 한다. 우리가 자신의 정서에 대해 개방적일수록 다른 사람의 정서도 잘 읽게 된다. 자신의 정서를 잘 모르고, 다른 사람이 무엇을 느끼는가를 모르는 사람은 그들 주변의 사람들이 무엇을 느끼는지 알아야 할 때에는 당황하게 된다. 그들은 사람들의 말이나 행동에서 스쳐 지나가는 비언어적인 메시지를 탐지하지 못한다. 즉 그들은 사람의 음성, 자세변화, 침묵 또는 떠는 것에서 나타나는 정서적 변화를 알아채지 못한다.

예를 들어, 우리가 사회생활을 하다 보면 감정을 즉각적으로 표현하는 것이 어려울 때가 있다. 부하직원이나 동료가 자존심 상하는 말을 할 때에 얼굴은 일그러지면서도 태연한 척하려고 애를 쓰는 경우도 있다. 이때 나타나는 순간적인 표정의 변화를 감지하는 사람은 화제를 딴 데로 돌리거나 그것을 무마시키려고 하겠지만 이것에 둔감한 사람은 거기에 한 수 더 떠 화제를 더 확장시키거나 분위기를 고조시켜 개인적인 관계에 손상을 가져온다.

자신의 느낌을 잘 파악하지 못하는 사람은, 다른 사람들이 그들에게 느낌을 표현하면 당황해 한다. 다른 사람의 정서를 알지 못하는 것은 정서적 지능에서 주요한 큰 결함이다. 다른 사람과 관계를 잘 형성하는데, 자녀를 키우면서 감정이입이 필요하며 또 누군가를 도와주는 것은, 타인의 정서를 알고 조화하는 감정이입의 능력으로부터 나온다.

예를 들어 자녀가 대학시험에 계속해서 떨어졌다든지, 상을 당한 경우에 누구나 다 이성적으로 알고 있는 쓸데없는 말들을 장황하게 늘어 놓는 것은 오히려 성가시고 화만 나게 할 수 있다. 오히려 이때에는 쓸데없는 충고나 이미 지나간 그 사람의 실책을 점검해 주는 것보다는 따뜻한 마음으로 손만 한번 꽉 잡아 주는 것이 더 적합한 감정적 표현이 될 수 있다.

이렇게 다른 사람들이 어떻게 느끼는가를 알 수 있는 능력, 즉 감정이입의 능력은 우리 생활의 여러 부분에서 중요한 역할을 한다. 판매, 경영, 부부관계, 부모-자녀관계 등 여러 분야에 중요한 요소이다.

감정이입 능력이 부족하면 자신뿐 아니라 주변 사람들에게도 문제를 일으킨다. 정신병질자, 강간범, 유아강간범의 경우 감정이입 능력이 부족하거나 손상을 보이는 경우가 많다. 강박신경증 환자와 같이 자신의 감정을 차단시키고 있는 사람들도 다른 사람의 정서를 이해하지 못한다.

사람들의 정서는 보통 단어로 표현되지 않는다. 그보다는 음성의 음율, 제스처, 안면 표정 등을 통해서 표현된다. 다른 사람의 감정을 잘 읽으려면 이와 같은 비언어적인 단서를 잘 읽을 수 있어야 한다.

비언어적 정서표현

하바드 대학의 심리학자 로젠탈의 연구에 의하면, 이와 같은 비언어적인 정서적 단서를 읽는 능력이 사람에 따라 차이가 난다고 한다. 그들의 연구에 의하면 비언어적인 단서를 통해서 타인의 정서를 잘 읽는 사람은, 정서적으로 잘 적응하며 인기가 있었고, 사교적이었고, 다른 사람의 감정에 더 민감하였다. 보통 여성이 남성보다 감정이입 능력이 더 뛰어나다.

정서적 지능의 한 요소인 타인에 대한 정서적 민감성은 IQ나 학교 성적과는 높은 상관이 없다. 비언어적인 의사소통 단서를 잘 읽는 아동들은 그렇지 못한 아동들보다 평균 IQ가 더 높지는 않았지만 학교에서 더 인기있는 학생들이었다. 감정이입 능력이 학교생활에서 잘 적응하는데 중요하다는 것을 알 수 있다.

합리적인 생각은 언어를 통해서 의사소통되지만 정서는 보통 비언어적인 방법으로 표현된다. 앞서 말한 바와 같이 사람들이 나타내는 음성이나 제스처가 자신이 하는 말의 내용과는 다르게 표현되는 경우가 있다. 예를 들면 '편안해요'라고 말하면서도 주먹을 꽉 쥐며 경직된 자세를 취한다든지, 얼굴에 경련이 일어난다든지, 목소리가 떨리는 것을 종종 볼 수 있다. 이때 우리는 그 사람이 한 말의 내용보다는 그 사람이 나타내는 비언어적인 신체반응의 미묘한 변화를 통해서 그들의 진정한 느낌을 알게 된다.

네가 울면 나도 운다 : 감정이입의 발달

감정이입은 선천적인 특징이지만 경험에 의해서도 영향을 받는다. 유아는 태어난 날부터 다른 아이가 울면 불편해 하고 따라서 우는 모습을 보인다. 유아가 9개월만 되면 다른 아기가 넘어져서 우는 것을 보면 자신의 눈에서도 눈물이 나온다. 15개월이 되면 울고 있는 친구를 달래기 위해 자신의 인형을 가져다 준다. 이는 감정이입의 기초가 되는 행동이다.

아이들이 생후 1년 반 정도 지나면 자신이 다른 사람과는 분리된 존재라는 사실을 인식하기 시작한다. 그리하여 다른 사람의 고통이 자신의 고통은 아니라는 것을 서서히 깨닫기 시작한다. 예를 들어 9개월 된 유아는 다른 아이가 손가락을 다쳤을 때 자신의 손가락을 입에 넣고 손가락을 호호 분다.

2세에서 2세 반이 되면 유아는 타인의 고통은 자신의 고통이 아니라는 것을 알게 된다. 아동은 자신의 감정과 다른 사람의 감정이 다르다는 것을 알고, 타인의 고통에 대한 민감성이 발달되기 시작한다.

아동들간 감정이입 능력의 발달에는 상당한 차이가 있다. 이 차이 중 많은 부분이 부모의 양육방식과 관련된다. 아동 자신이 한 행동으로 인해서 다른 아동이 고통스러워하면 엄마들은 흔히 아이보고 '왜 그러니? 또 그러면 혼낸다.'라고 말한다. 그보다는 '자 ..야, 쟤가 아파서 우는 것 좀 봐라. 얼마나 아프면 저렇게 울겠니?'라고 얘기하는 경우, 감정이입의 능력을 더 잘 키워주게 된다.

또한 다른 사람이 타인의 고통에 대해서 어떤 행동을 하는 지를 관찰하는 것도 아동의 감정이입능력을 형성하는데 도움이 된다. 아동은 자신이 처한 상황과 같은 상황에서 다른 사람은 정서적으로 어떻게 반응하는가를 보고 배운다. 특히 다른 사람이 어려움에 처한 사람을 어떻게 도와주는가를 관찰하므로써 아동의 감정이입은 발달하게 된다.

반면에 아동이 표현하는 감정을 주위에 있는 어른들이 무시하거나 강화해 주지 않으면 아동은 그런 감정을 표현하지 않게 될 뿐 아니라 자신이나 타인들 속에 있는 감정을 알아차리는 능력마저도 발달시키지 못하게 된다.

감정이입이 잘 발달되었을 때

눈 맞추기는 정서생활에서 가장 기본이 되는 요소 중 한 가지이다. 이러한 능력은 유아기 때에 부모-자식간의 관계가 친밀한 기간에 발달하게 된다. 이때 아동은 자신의 정서가 이해되고 받아들여지고 상대방과 감정이 상호교환된다는 것을 경험하는 것이 중요하다.

감정이입이 잘 발달된 아동의 엄마들을 보면, 아이들이 놀 때 아이가 느끼는 것이 무엇인가를 엄마가 같이 느끼고 있다는 것을 알 수 있다. 예를 들면 아기가 즐거워서 소리를 지르면 엄마는 거기에 맞춰 손을 흔들고 아이의 소리에 맞춰 같이 소리를 질러줌으로써 아동과 정서를 함께 나눈다. 즉 엄마가 아이의 정서를 느끼고 상호작용한다. 그러면 아동은 정서적으로 엄마와 밀착되어 있다는 안정된 느낌을 갖게 된다.

감정이입이 잘 발달되지 않았을 때

부모와 아동간 정서적 상호작용이 계속해서 없으면 아동은 그 후 감정이입을 발달시키지 못하게 된다. 예를 들어 아동이 기쁨이나 슬픔, 또는 안기고 싶다는 것을 표현할 때 엄마가 거기에 대해 공감이나 적절한 대응행동을 보이지 않으면 아동은 점차 자신의 감정을 표현하지 않게 된다. 심지어 이러한 느낌을 가지지도 못하게 된다. 아동이 엄마나 또는 그를 돌보는 사람과 정서적 교감이 있느냐 없느냐에 따라 각기 다른 정서상을 보인다. 예를 들면 한 연구에서 엄마가 우울한 경우, 3개월된 유아 역시 다른 아기들보다 호기심이나 흥미를 덜 보이고 화를 내거나 슬픈 감정을 더 많이 나타내었다. 또한 아동의 활동에 대해 엄마가 반응을 덜 보이면 그 아이는 결국 소극적으로 되는 것을 학습했다.

심리학자인 버트 코흘러와 프랭크 스코트는, 심리적으로 손상된 가정에서 자란 아동이 과도한 경계심을 나타내며 부모의 분위기에 무조건적으로 자신을 맞추려고 지나치게 신경을 쓴다는 사실을 발견했다.

물어뜯기 대장 니콜라스

니콜라스라는 한 아동은 탁아소에 있는 다른 아동들에게 키스하려는 것처럼 다가가서는 갑자기 물어뜯는 버릇을 가지고 있었다. 연구자들은 니콜라스가 20개월 때 찍은 비디오 테이프를 보면서 한 가지 사실을 발견했다. 니콜라스와 정신질환을 가진 그의 엄마가 상호작용하는 과정에서, 그 엄마는 니콜라스가 화가 나 있거나 자신에게서 니콜라스가 떨어지려고 하면 강제로 키스하려고 했다. 그후 니콜라스는 엄마의 입술이 다가오는데 대해 공포를 느꼈으며 나중에는 자신이 화가 나면 친구한테 이런 식으로 자신의 분노를 표현했다.

아동기 때 잘못된 모자관계를 형성한 아동이라도 자란 후에 그것을 치유할 수 있다. 그러나 수정시키는 시기는 가능한 한 나이가 어릴 때일수록 효과가 더 좋다. 잘못된 학습을 교정할 수 있는 다양한 경험에 자주 노출시킴으로써 또는 자신에게 형성된 잘못된 공포나 불편함을 바로 느끼고 표현하게 해 줌으로써 그 생각이나 행동을 고쳐나갈 수 있다.

아동기 때 감정이입의 씨앗이 발달되지 않으면 성장 후 그 대가가 엄청날 수 있다. 아주 잔인하고 공격적인 범죄자들 중에는 다른 범죄자들보다 아동기 초기 때 정서적인 측면이 거의 무시되었거나 부모가 감정이입을 하지 않아 감정이입 능력이 전혀 개발되지 못한 사람들이 많았다. 이들은 어렸을 때 여러 집이나 기관을 전전했거나 고아원에서 어린 시기를 보내어 감정이입 능력을 개발시킬 기회조차 갖지 못한 경우가 많았다.

결국, 정서적으로 무시받은 경험이 많을수록 감정이입 능력은 발달하지 못하게 된다. 어떤 경우에는 강하고 지속적인 정서적인 왜곡이

생겨 쉽게 잔인하고 가학적이며 굴욕적인 정서상태를 일으키기도 한
다. 이러한 정서적 왜곡을 겪으면서 자란 아동은 주위에 있는 사람들
의 감정에 의해서 자신의 감정 역시 쉽게 변하여 타인의 감정에 병적
으로 집착할 수도 있다. 또한 성인이 되어 감정의 변화가 아주 심하게
불안정할 수 있다.

감정이입에 대한 생물심리학

신경심리학적 연구에 의하면 대뇌피질의 오른쪽 부위에 손상
을 입은 환자는 사람들의 목소리나 음성, 제스처에서 나타나
는 정서적 신호를 읽지 못한다. 그들은 정말 고마워서 '고맙습니다' 라
고 하는 것과 비꼬우면서 '고맙습니다' 라는 것의 차이를 구별해 내지
못한다. 또 어떤 환자는 오른쪽 대뇌피질의 다른 영역에 손상을 입었
는데, 그는 자신의 감정을 제스처나 목소리의 음조로 표현할 수 없었
다. 이러한 대뇌피질은 편도체와 같은 변연계 구조물과 강하게 신경
연결되어 있다.

부크와 듀피(1980)는 오른쪽 대뇌반구가 손상된 사람에게서 정서적
결함을 발견하였다. 이 연구자들은 오른쪽 뇌가 손상된 환자와 왼쪽
대뇌반구가 손상된 환자에게 정서를 야기하기 위하여 고안된 일련의
슬라이드를 보여주었다. 예를 들면, 그들에게 굶주리고 있는 어린이
들이나 울부짖는 부인들을 찍은 사진을 보여 주었다. 이때 오른쪽 대
뇌반구가 손상된 사람들은 자신이 본 상황에 적절한 정서를 나타내는
안면표정을 거의 짓지 않았다.

감정이입이 있는 마음과 감정이입이 없는 마음

감정이입이 부른 초능력

N부인은 어릴 때 집에서 불이 나서 언니의 도움으로 무사히 구출되었다. 그후 세월이 지나도 불길 속에서 무서워하며 울부짖던 일이 계속해서 머리에 남아 있었다. 그녀는 결혼 후에도 집에 아이를 남겨두고 외출할 때에는 언제나 마음이 편치 않았다.

어느날 그녀가 일을 마치고 집으로 가고 있는 도중에 전방에서 시커먼 불길이 솟아 오르고 있는 것을 보았다. 가까이 가보니 트럭 한 대가 불길에 싸여 있었다. 트럭 옆에는 기름통이 떨어져 있었다. 도로 옆에는 몇 대의 자동차에서 나온 사람들이 공포에 질린 얼굴로 이 광경을 지켜보고 있었다.

N부인은 과거의 경험이 생생하게 되살아나면서 그 곳을 지나치려고 했지만 그녀는 발걸음을 돌릴 수 없었다. 그녀는 덩어리 하나가 트럭 옆에서 타면서 움직이는 것을 보았다. 그것은 불길에 휩싸인 트럭 운전사였다. 그녀는 불길 속에서 한쪽 팔이 위로 올라갔다가 땅에 떨어지는 것을 보았다. 그녀는 또한 그 사람의 눈을 보았다. 몹시 괴로워하고 있는 것 같았다. 그의 입술이 움직이는 것을 보았다. 주위에 있는 모든 사람들이 어찌할 바를 모르고 있는 가운데 그녀는 자신을 억제할 수 없는 힘에 의해서 생각할 겨를도 없이 불 속으로 뛰어들어갔다. 트럭 운전사는 중화상을 입었지만 결국에는 목숨을 건졌다. N부인은 자기도 알 수 없는 공포보다 더 큰 힘에 밀려서 불길 속으로 뛰어 들어갔던 것이다.

이는 N부인이, 자신의 경험으로 피하고 싶은 심정이었음에도 불구하고 불꽃 속에서 나타난 운전사의 얼굴에 나타난 괴로움을 자신도 느껴서 그 결과로 나온 행위이다. 바로 감정이입으로 인한 것이다.

극악범죄의 원인은?

그러나 악질적인 범죄를 저지르는 사람에게는 이런 감정이입 능력을 기대하기 어렵다. 강간범, 유아강간범, 상습적으로 자녀를 신체적으로 학대하는 사람들에게는 감정이입 능력이 없다. 그들은 자신이 괴롭히는 사람의 고통을 전혀 느끼지 못하기 때문에 잔인한 행동을 지속할 수 있다. 예를 들어, 어떤 강간범은 '저 여자가 반항하는 것은 더 강한 자극을 원하기 때문이야' 라는 잘못된 생각을 한다. 유아강간범의 경우, '나는 아이를 해치는 것이 아니야, 사랑해 주고 있는 거야' 라는 식으로 스스로에게 말을 한다. 유아강간범들은 강간하는 상황에서 아이들의 실제 느낌을 전혀 공감하지 못한다. 아이가 느끼는 공포와 역겨움이 그들에게는 전혀 인식되지 않는다.

이와 같이 감정이입 능력은 사람들이 잔혹해질 수 있는 상황에서 완충적인 역할을 한다. 유아강간범이나 범죄를 저지르는 정신병질자에게는 감정이입 능력이 현저히 부족하다는 것이 실험을 통해서도 나타나고 있다. 로버트 헤어는 잔혹행위에 대한 연구를 했다. 그는 잔혹한 행위를 한 정신병질자에게 전기충격장치를 설치하고 전기쇼크를 주겠다고 했다. 이럴 때 보통 사람들은 앞으로 받을 고통을 예측하여 심장박동이 빨라지고 숨이 가빠지는 것 같은 전형적인 반응을 나타낸다. 그러나 악질적인 정신병질자들의 경우 그러한 반응이 전혀 나타나지 않았다. 전기쇼크를 받는 것이 전혀 두렵지 않은 이들에게 형벌로 위협하여 범죄를 저지르는 것을 막을 수 있을까?

아내구타

아내를 잔혹하게 구타하고 학대하는 남편도 정신병질적인 성격장애자에 들어갈 수 있다. 이런 남자들은 뚜렷한 이유도 없이 정기적으로 부인에게 폭행을 가하는데 심할 경우에는 칼까지 들고 설친다. 이들이 부인에게 잔인하게 하는 행동은 화가 나서가 아니라 치밀한 계산으로 한다. 보통 사람들은 화가 나면 심장박동이 빨라지는데 이들은 오히려 심장박동이 느려진다. 부인에게 욕을 하고 폭행하면서도 생리적으로는 흥분상태가 아니다. 부인이 공포를 많이 느낄수록 그는 생리적으로 점점 안정된다. 이런 사람들은 상대방의 정서를 느낄 수가 없다.

4
친밀한 인간관계: 풍요로운 삶을 위하여

가슴이 따뜻한 사람

'가슴이 따뜻한 사람과 만나고 싶다' 라는 광고 문안은 사람들이 인간관계에서 바라는 바를 참 잘 표현한 글이라는 평가를 받고 있다. 이 말 속에는 나와 마음이 통하는 '밤을 세워 이야기를 나누고 싶은 마음이 맞는 친구' 를 바라는 욕구가 스며 있다. 또한 이 광고문은 많은 사람들이 '가슴이 따뜻한 사람' 을 원하고는 있지만 자기자신의 주위에는 그런 친밀감을 주는 사람이 없다고 느끼거나, 있어도 부족하다고 느낀다는 점을 잘 포착하고 있다.

사회생활을 하는 대부분의 사람들은 친밀한 인간관계를 맺고 싶어한다. 마음 편한 사람, 기분 좋은 사람과는 오랫동안 함께 있어 싶어하며, 자신 또한 남들에게 인기가 있는 매력적인 사람이 되기를 원한다. 즉 스스로도 가슴이 따뜻한 사람이 되고 싶고, 주위에도 그런 사람이 있기를 원한다. 그러나 자신의 주위에 기분좋은 사람이 거저 생기기를 바라는 것은 과욕이다. 자신이 먼저 기분좋은 사람이 되어야 한다. 즉 자신이 먼저 정서지능이 높은 사람이 되어야만 친밀한 인간관계를 형성하는 것이 가능해진다는 것이다.

이장에서는 친밀한 인간관계에 필요한 것이 무엇이고, 어떻게 하는 것이 효율적으로 그런 관계를 형성할 수 있는지 알아보겠다.

사회적 정서지능이 높은 사람

우리는 어떤 사람을 가슴이 따뜻한 사람이라고 생각할까? 대학생들에게 가슴이 따뜻한 사람의 특징을 말해보라고 했더니 다음과 같은 특징을 대표적인 것으로 꼽았다. 인정이 넘치는 사람, 항상 밝게 웃는 사람, 남의 아픔을 내 아픔처럼 느껴주는 사람, 성급하게 판단하고 비판하지 않는 사람, 화를 잘 내지 않는 사람, 남의 이야기를 잘 들어주는 사람, 나를 좋아하고 믿어주는 사람, 솔직한 사람 등이었다. 이런 특징들을 커다란 하나의 테두리에 집어 넣고 이름을 붙인다면 그 이름은 〔높은 정서지능〕이 될 수 있다.

정서지능을 '자신과 타인의 정서를 평가하고 표현할 줄 아는 능력, 자신과 타인의 정서를 효율적으로 통제할 줄 아는 능력 그리고 이런 능력을 이용하여 자신의 삶을 계획하고 성취하는데 활용할 줄 아는 능력' 이라고 정의했을 때의 정서지능은 여러 개의 하위요소로 나누어진 것이다. 마음이 따뜻한 사람 그래서 기분좋게 만날 수 있는 사람이 바로 총체적인 정서지능이 높은 사람이다.

　정서지능을 요소별로 나누어 앞장에서 언급했듯이 자신의 정서를 잘 인식하고 표현할 줄 하는 사람과 타인의 정서를 인식하고 표현할 줄 아는 사람과는 다르다. 전자를 잘하고 후자를 못하는 사람은 자신의 감정에는 충실하지만 남의 감정은 무시해버리는 공주병·왕자병 환자거나 폭군일 가능성이 크다. 전자와 후자가 모두 안 되는 사람들로는 최근들어 증가 추세에 있는 감정부전증 환자들이 있다. 감정부전증의 하나로서 컴퓨터의 발달과 더불어 사이버스페이스가 주는 매력이 깊이 빠져든 사람들이 보이는 실감정 언어증 - 희노애락 등의 감정을 말로 표현할 수 없고 느낄 수도 없으며, 감정이 배제된 사실관계만을 정확히 기술할 수 있는 경우도 있다. 현실 사회에서는 뛰어난 지적 능력을 지니고 있지만 '고문관'이라 불리우는 사람들이 이 부류에 속할 것이다.

　정서를 인식하고 표현하는 것에 덧붙여서 정서를 통제하는 것 또한 별개의 능력이며 사회생활에 특히 중요하다. 자신이 슬프다는 것을 알고 그 슬픔을 비탄이나 울음을 통해서 표현할 줄 아는 사람도 아무데서나 울지는 않는다. 슬프다고 해서 아무데서도 울 수 없다는 것을 아는 사람은 자신의 정서를 통제할 수 있는 사람이고, 슬퍼서 울려고 하는 사람을 달래어서 슬픔을 경감시켜 줄 수 있는 사람은 타인의 정서를 통제할 수 있는 사람이다.

　여기에서 유의하고 넘어가야 할 점은 타인의 정서 통제에는 감정이입 혹은 공감이라는 또 다른 정서지능의 하위요소가 필요하다는 점이다. 감정이입 없이도 타인의 정서통제는 가능하다. 뛰어난 사기꾼들의 경우 공감하지 않고 남의 정서를 통제하는 것이 가능한 사람들이다. 이런 사람들을 정서지능의 저자인 골만은 '사회적 카멜레온'이라고 명명했다.

변화무쌍, 카멜레온

간혹, 계를 빙자해 여러 사람의 돈을 모아서 잠적해버리는 사람의 기사가 신문지상에 보도되곤 한다. 알음 알음으로 해서 돈을 주고 받은 이런 종류의 사기 사건이 터진 다음 피해자들의 태도에는 유사점이 발견되곤 한다. 돈을 빌려준 사람들은 자신이 사기를 당한 것을 알기 전까지는 사기꾼을 믿고 좋아했으며, 어떤 사람들은 그 사람이 그랬을 리가 없다는 반응을 강하게 보이기까지 한다.

뛰어난 사기꾼들은 대부분 사회적 카멜레온으로 분류할 수 있는 사람들이다. 이들은 다른 사람의 감정을 읽고 통제하는 데 능숙하다. 즉, 사회적 카멜레온은 사회적 기술이 좋은 사람들이다. 정서의 인식과 조절, 공감능력과 더불어 사회적 기술이 좋은 사람이 '멋진 사람' '기분 좋은 사람'이라면, 공감없이 사회적 기술만이 뛰어난 사람이 '뛰어난 사기꾼'이 될 수 있는 사회적 카멜레온이다.

심리학자들이 사회적 기술이라고 말하는 것에는 자신의 기분을 타인에게 정확히 알릴 수 있는 능력과 타인이 말로 표현하지 않은 감정을 민감하게 알아채는 능력, 자신의 감정표현을 지연시키거나 억제하는 데 뛰어난 능력등과 더불어 언변이 뛰어나고, 상황에 따라 허용되는 행동이 무엇인지를 즉각 알아채며, 자기 자랑을 적절히 할 줄 알고, 자신이 영향력을 행사할 수 있는 사회적 조직을 잘 만드는 것 등이 포함된다.

사회적 카멜레온은 이런 능력을 지닌 사람들로서 상황과 장소에 맞게 변신을 잘한다. 타인의 감정에 민감하게 대답해주므로 만나는 사람들마다 기분좋은 사람으로 평가를 한다. 그러나 이들이 가치를 두는 것은 타인의 감정에 공감하는 것이 아니라 자신이 얼마나 잘 타인의 감정에 동조할 수 있는 능력을 지니고 있는가를 증빙하는 것이다. 물론 이들 중에는 의도적이라기보다는 잘못된 정서교육에 의해 진짜 자신이 원하는 것이 무엇인지 모르는 경우도 있다. 어쨋든 변화무쌍하게 변하는 능력에 최고의 가치를 둠으로써 원칙이나 규범, 도덕 등은 카멜레온의 관심 밖이다. 이들이 궁극적으로는 반사회적인 사람이 되는 것도 바로 이런 특징 때문이고, 사회관계에서 정서지능의 한 요소인 감정이입이 특히 요구되는 것도 바로 이런 점 때문이다.

부담없는 사람

놓은 정서지능을 지닌 사람들의 인간관계는 한결같이 타인의 감정을 상하지 않도록 배려하여 마음을 편안하게 해주는 관계를 맺는 사람들이다. 이런 사람들의 특징 중의 하나는 남에게 무리한 부탁을 하지 않는다는 것이다. 설사 부탁을 한다고 하더라고 상대에게 부담이 적은 요구부터 시작하는 사회적 기술을 지니고 있다. 그러나 친밀한 관계를 잘 형성하지 못하는 사람들은 상대방이 잘 모르거나 싫어하는 이야기부터 시작하여 부담스럽게 만든다.

판매실적이 매우 우수하여 그 해의 판매왕에 뽑힌 자동차 영업사원이나 보험 생활설계사에게 그 비결을 물으며 '좋은 인간관계가 최대의 자산'이라고 하며 첫번째 중요한 점으로 구매자에게 부담을 주지 않는 것을 내세운다. 부담을 주지 않기 위해 첫 대면에서는 가볍게 인사하고 지나가고 그 후로도 직접적으로 보험이나 자동차를 사라는 부탁은 하지 않는다. 고객이 판매자를 부담없는 사람으로 느껴 정서적인 유대관계가 형성된 후에는 자연스럽게 구매요청이 나온다는 것이다. 일단 이렇게 되면, 즉, 부담없고 신뢰로운 사람으로 평가가 내려지면 이제는 구매자가 판매자를 주위 사람들에게 적극적으로 소개를 시작한다는 것이다. 사람들은 물건을 구입할 때 대부분이 가까운 사람들의 충고와 경험을 중요시하므로, 이런 관계가 일단 형성되면 그 후는 일사천리로 나아갈 수 있게 된다.

이에 반해 실적이 우수하지 못하거나 중도하차하는 판매자들은 대부분이 다른 사람에게 부담을 주는 사람으로 비춰진다. 잘 모르는 사람이 처음부터 거액의 자동차나 보험을 권유한다면 고객들은 일단 판매원 자체를 경계하게 된다. 즉 부담스럽게 느끼기 시작한다. 이 부담이 판매원이 권유하는 물건에까지 파급되어 그 물건이 꼭 필요하다고 하더라도 결정을 미루게 된다. 이런 이면에는 나에게 부담을 주는 사람은 나에게 불리한 구매를 강요할지도 모른다는 생각을 은연중에 하기 때문이다.

첫 대면에서 부담없는 사람이라는 평가를 받는데는 말솜씨도 커다란 역활을 한다. 화제를 시작할 때 일반적인 주제를 가지고 열린 질문을 하는 사람이 부담없는 사람으로 평가를 받는다. 열린 질문이란 듣는 사람의 답변이 '예'나 '아니오'로 끝나는 것이 아닌 여러 가지 답변이 가능한 질문을 말한다. 예를 들어 가장 부담이 적고 일반적인 화제인 날씨에 관한 것도 '오늘 날씨가 좋네요' 하는 것보다는 오늘처럼 좋은 날씨에는 뭘 하고 싶으세요' 하고 시작하는 것이 우호적인 관계 형성에 더 좋다. 또한 열린 질문이라도 답변이 긍정적인 경우가 부정적인 경우에 비해 더 효과적이다. '날씨가 왜 이 모양이죠?'라는 질문은 부정적인 생각을 끄집어 내고 부정적인 생각은 질문자와 연합되어 질문자 자체를 좋지 않게 생각되게 하는 기능이 있다. 우리 주위에서도 그냥 이유없이 대면하기 싫고 기분나빠지는 사람이 있는데 그런 사람을 가만히 살펴보면 이런 부정적인 질문을 많이 하는 경향이 있다. (실제로 주위의 사람들이 얼마나 긍정적인 질문자인지 부정적인 질문자인지를 체크해 보고 내가 그 사람을 좋아하는 정도와 관련시켜 보면 질문의 형태가 그 사람의 평가에 얼마나 큰 영향을 미치는지를 실감할 수 있을 것이다.) 누군가 말도 안되는 궤변을 늘어 놓는 자리에서조차도 '말도 안되는 소리 그만하세요' 하는 것보다는 '그런 독특한 관점도 있을 수 있네요' 라고 말하는 사람 중 어느 사람을 당신은 더 좋아하겠는가.

나만의 공간

친 밀한 인간관계를 형성하려면 타인의 감정을 중시하는 것 못지 않게 감정을 야기하는 사소한 단서에도 주의를 두어야 한다. 그런 것 중의 하나가 사람과 사람간의 물리적 거리이다.

친밀감을 느끼는 사람과는 가능한한 가까이 앉아 있고 싶고 부담이 되는 어려운 사람과는 멀리 떨어져 앉아 있고 싶은 것이 모든 사람들이 느끼는 인지상정이다. 친밀하지 않은 사람에게 지나치게 가까이 접근하는 것은 부담스러운 사람이라는 평가를 갖게 하며, 상대방이 나를 친밀하게 여기는데 너무 멀리 하려고 하면 상대방이 나에게 섭섭한 감정을 갖게 된다. 따라서 사회관계에서 암묵적으로 인정하는 공간을 알고 적용하는 것도 친밀한 관계를 형성하고자 하는데 필요한 일이다.

친밀감의 정도에 따라 편안하게 느껴지는 거리는 대략 네 가지가 있다고 심리학자들은 말한다. 친밀감이 가장 적은 거리는 공적인 거리이다. 공적인 거리는 두 사람이 두 팔을 활짝 벌려서 서로 닿지 않을 정도의 거리로서 전혀 안면이 없는 사람의 경우는 이 정도 거리가 편하다고 느껴진다. 사람이 많지 않은 지하철을 탔다고 생각해 보면 쉽게 이해가 된다. 약 일곱 사람 정도가 앉을 수 있는 의자가 비어 있을 경우 한가운데에 앉는 사람은 거의 없다. 모르는 사람이 탔을 경우에 공적 거리를 유지하기가 편한 맨 가장자리에 앉는 사람이 대부분이다. 이렇게 한 사람이 한끝에 앉아 있는 자리에 여러분이 탔다면 어디에 앉겠는가? 여러분 대부분이 다른 한쪽 끝 가장자리에 앉을 것이다.

공적인 거리보다는 약간 더 친밀성이 증가된 거리는 사교적인 거리이다. 사교적인 거리는 팔을 쭉 펴서 닿을락 말락 할 정도의 거리로서 약간의 안면이 있는 사이에서 편하게 느껴지는 거리이다. 외국의 경우는 칵테일 파티에서 가장 많이 유지되는 거리라고 한다. 공적인 업무로 만나는 사람들이 서로 이야기를 할 때의 거리가 사교적인 거리가 될 것이다. 책상을 사이에 두고 서로 이야기 나눌 수 있는 거리로서 은행원과 고객의 거리, 교탁에 서 있는 선생님과 맨 앞 줄 학생간의 거리 정도가 사교적인 거리에 속한다.

개인적 거리는 상대방에게 손을 뻗으면 닿을 수 있을 정도의 악수가 가능한 거리이다. 친하고 싶은 마음이 있을 때 유지하는 거리이다. 옆에 앉아 있는 짝꿍과의 거리나 어깨를 맞대고 걸어갈 수 있을 정도의 친구 사이의 거리를 말한다.

친밀한 거리는 귓속말을 주고 받을 수 있을 정도의 거리로서 친밀감의 정도가 가장 큰 사이에서 유지되는 거리로서 팔짱이나 어깨동무를 했을 때의 거리로 볼 수 있다. 따라서 당신이 누군가에게 귓속말을 하려고 다가갔는데 상대방이 허리를 뒤로 제긴다면 상대방은 당신을

친밀한 범주에 넣고 싶어하지 않는 마음을 은연중에 나타낸 것이라고
할 수 있다.

피그말리온 효과

그리이스 신화에 나오는 피그말리온은 자신이 조각한 조각품
을 사랑하게 된다. 사랑이 깊어져 자신의 조각품에 생명이
깃들기를 기대하자 조각품이 살아있는 인간이 된다. 이 이야기는 내
가 상대방을 어떻게 대접해 주느냐에 따라 상대방이 달라질 수도 있
다는 것을 암시한다. 심리학에서는, 인간관계에서 상대방에게 기대하
는 방향으로 일이 되어가는 것을 피그말리온 효과라고 한다. 다른 사
람에게 부정적인 행동을 기대하면 부정적인 행동이 나오고 긍정적인
기대를 하게 되면 거기에 부응하는 행동이 나온다는 것을 의미한다.

피그말리온 효과를 보기 위해 미국에서 있었던 실험에 다음과 같은
것이 있다. 초등학교에서 아이들이 상급반으로 올라갈 때 전 담임 선
생님이 현재 담임 선생님에게 아이에 관한 정보를 전달한다. 객관적
으로 동일한 지능과 성적을 지닌 아이들을 일학년에서 무작위로 뽑아
두 집단으로 나눈 다음 한집단의 아이들은 '영리한', '책임감이 강한'
등의 평가를, 한 집단의 아이들은 '둔한', '미발달된' 등의 평가를 이
학년 담임에게 전달했다. 일년이 지난 후 이학년 담임 선생님이 삼학
년 담임 선생님에게 보낸 평가서가 심리학자의 주 연구과제였다. 놀
랍게도 동일한 아이들을 무작위로 뽑아 보냈는데도 우수한 평가를 받
은 아이들은 여전히 우수한 아이로서 나아가서는 더욱 더 우수한 아
이로 평가되어 삼학년 담임 선생님에게 전달되었고, 열등한 평가를

받은 아이들은 더욱더 열등한 아이로서 상급반 선생님에게 보내는 평가서에 나타났다. 더욱더 놀라운 점은 선생님의 주관적인 평가뿐만 아니라 아이의 객관적인 학교성적에서도 뚜렷한 차이가 나타났다. 일년전에는 유사한 성적을 지닌 아이들이었었는데도 불구하고 삼학년에 올라가면서는 성적의 차이가 현격하게 나타났다.

이렇듯이 기대한 방향으로 효과가 나타나면서 동시에 나타나는 효과가 부메랑 효과이다. 내가 타인에게 긍정적인 기대를 하게 되면 그 사람 역시 나에게 긍정적인 기대를 하게 되고, 이런 상호 기대가 친밀감의 형성에 커다란 기여를 하게 된다. 따라서 우리는 타인을 평가할 때 되도록 긍정적인 측면을 발견하도록 노력하고 긍정적으로 표현해야 한다. 못하는 점을 꼬집어서 지적할 것이 아니라 잘하는 점을 먼저 중점적으로 이야기하도록 하는 것이 친밀한 인간관계를 지속시키는데 도움이 된다. 그러나 무턱대고 칭찬만 하는 것은 지나친 압력이 되거나 희롱이 될 수도 있다. 피그말리온 효과가 나타나게 하기 위해서는 피그말리온이 조각품에 모든 정성을 쏟았듯이 먼저 상대방에 대한 긍정적인 기대와 더불어 진지한 애정 및 배려가 함께 주어져야 한다.

큰 입보다는 큰 귀를

어른과 아이가 함께 읽는 동화라고 알려진 책 '모모'를 보면 다음과 같은 장면이 나온다. 모모는 예쁘지도 않고 특이할 것도 없는 조그만 여자아이인데도 불구하고 모든 사람들이 좋아하고 함께 있고 싶어한다. 왜 그럴까 하고 살펴봤더니 모모는 사람들과 만나는 시간의 대부분을 그 사람의 이야기를 들어주는데 할애한다. 그냥 들어주기만 하는 것이 아니라 적절한 동의의 표시로 고개를 끄덕이며 약간의 감탄사를 발하며 들어주는 것이다. 이야기가 끝나고 난 뒤 사람들은 거의 대부분이 즐거웠노라고 그리고 충고를 잘 받아들이겠노라는 말과 함께 매우 고마워하고 만족해 하며 작별을 아쉬어한다.

모든 사람이 좋아하고 같이 있고 싶어하는 모모의 비밀은 어디에 있는가? 그것은 모모가 말하기 보다는 듣기를 더 잘하고 그냥 듣는 것이 아니라 적극적으로 들었기 때문일 것이다. 상대방의 눈을 바라보며, 중요한 대목에서는 고개를 끄덕여 가며, 대답을 원하는 부분에서는 긍정적 답변을 해가며, 그리고 가장 중요한 것으로는 공감해가며 들었다는 것이다. 따라서 친밀감을 주는 사람이 되고 싶은 사람은 말하기 이전에, 즉 큰 입을 갖기 이전에 큰 귀를 갖도록 노력해야 할 것이다.

첫인상

첫 등교하는 날, 첫 출근하는 날, 선 보는 날, 면접보는 날들에 대부분의 사람들이 공통적으로 하는 행동 중의 하나는 자신을 '멋진 사람', '괜찮은 사람'으로 보이게 하려고 많은 시간과 노력을 들인다는 것이다.

그 이유는 무엇일까? 사람을 처음 만났을 때의 외모나 말투 등을 단서로 해서 그 사람을 평가하며 이렇게 형성된 첫인상은 쉽게 바뀌지 않고 계속 그 사람을 평가하는 데 이용된다는 것을 알기 때문이다. 따라서 첫인상을 부드럽고 긍정적인 것으로 만드는 것은 향후 친밀감의 발달에 도움을 준다.

좋은 첫인상을 주기 위해서 고려할 점으로 심리학자들은 정보의 종류와 제시순서를 중요시하라고 추천한다. 대부분의 경우 먼저 제시된 정보가 나중에 제시된 정보에 비해 인상형성에 많은 영향을 미치며 이를 심리학에서는 초두효과라 한다. 애쉬라는 심리학자는 초두효과를 증명하기 위해 다음과 같은 실험을 했다. 어떤 사람을 묘사하는 6개의 형용사를 집단 1과 집단 2에게 제시해주고 그사람의 인상을 물었다. 물론 집단 1과 집단 2에게 제시해준 6개의 형용사는 제시순서만 다를뿐 동일했다. 즉 집단 1은 똑똑한 -〉 근면한 -〉 추진력있는 -〉 비판적 -〉 고집센 -〉 시기심 많은의 순서로, 집단 2에게는 시기심 많은 -〉 고집센 -〉 비판적 -〉 추진력있는 -〉 근면한 -〉 똑똑한의 순서로 제시했다. 집단 1은 소개받은 사람을 약간의 단점이 있으나 능력이 있고 원만한 사람으로 평가한 반면 집단 2는 소개받은 사람을 문제가 많은 사람으로서 심각한 단점을 지니고 있다고 평가했다.

첫인상을 형성하는데 초두효과가 강력하게 영향을 미치는 이유는 우리는 처음에 들어온 정보의 성질에 따라 나중에 들어온 정보를 해석하는 경향이 있기 때문이다. 예를 들어 머리가 좋은 사람이라는 사실을 알기 이전에 그 사람이 인간성이 좋다는 것을 알았을 때에는 그 사람을 현명하고 지혜로운 사람으로 평가하지만 인간성이 별로 좋지 않다는 것을 안 후에 머리가 좋은 사람이라는 사실을 알게 되면 교활한 사기꾼으로 평가한다. 그리고 이후에는 '부익부 빈익빈 법칙'이 적용되곤 한다. 현명한 사람이 남을 돕는 행동을 했을 때는 인간성에 걸맞는 행동으로 칭찬을 하고 교활한 사람이 남을 돕는 동일한 행동을 했을 때에는 무엇인가 속셈이 있는 것으로 해석을 한다.

좋은 사회관계를 형성하는데 있어 첫인상의 역할은 매우 중요하다.

그러나 첫인상이 나쁘게 형성되었다고 해서 그 인간관계를 포기할 수만은 없으며 첫인상을 변화시켜야 할 필요가 있다. 첫인상도 얼마든지 달라질 수 있으며, 첫인상을 변화시키는데 가장 큰 영향을 미치는 요인은 망각효과이다. 초두효과로 형성된 기억흔적이 사라질 정도의 시간을 두고 새로운 정보를 제시하면 첫인상의 효과가 많이 사라지므로 새롭게 친밀한 관계를 형성할 수 있다. 따라서 첫인상이 나쁘게 형성되었다고 지나치게 위축되지 말고 어느 정도의 시간을 두고 다시 시도해보는 것이 한 방법이 될 수 있다. 또 다른 방법으로는 반복적으로 동일한 정보를 줄 경우 첫인상시의 정보보다는 반복정보를 바탕으로 해서 사람을 평가하게 된다. 즉, 처음에는 냉정하고 깍쟁이로 보이던 사람도 자주 반복해서 따뜻한 행동을 하게 되면 첫인상과는 달리 점차 좋은 사람이라는 인상으로 바뀌게 된다.

마음이 콩밭에 가 있다면

이 세상의 모든 사람들이 나를 조건없이 좋아하고 사랑해주었으면 하는 바람은 굳이 공주병이나 왕자병이 아니라도 누구나 한번쯤은 원했던 소망일 것이다. 또, 나를 잘 모르는 사람을 나를 좋아하는 친한 사람으로 만들고 싶은 것도 모든 사람들이 공통적으로 바라는 것이다.

그러나 가만히 있는데에도 누군가가 나에게 백마를 타고 혹은 마차를 타고 올지도 모른다는 생각은 영화에나 있을 법한 일이고 현실에서는 많은 노력을 해야만 가능하다는 것을 모두 다 잘 알고 있다. 이 장에서는 정서적으로 친밀한 관계를 맺기 위해 필요한 몇 가지 방법을 이야기했다. 그러나 그런 노력 이전에 중요한 것은 친밀한 관계를 형성하려는 마음, 즉 동기가 있어야 한다는 것이다.

심리학자 힐은 친밀한 사회관계를 형성하고자 하는 동기를 네 가지로 나누어 제시하였다. 첫째는 사회적으로 어울려 비교를 하고자 하는 동기가 있어야 한다. 즉 남들과 비교해서 나의 위치가 어떠한지를 알고 싶어하는 욕구가 있어야 한다는 것이다. 우리 속담에 '혼자 장군하면 무엇하랴'라는 것과 일맥상통하는 욕구이다. 졸병을 하더라고 여럿이 어울려 노는 것과 아무도 없이 혼자서 임금, 장군 다 하며 노는 것과의 선택이리라. 그러나 졸병을 하다보면 장군역활을 할 때도 있는 것이 놀이의 규칙이다.

둘째는 남들과의 관계에서 재미있고 즐거운 것을 얻기를 바라는 측면인 동기가 있어야 한다. 친구를 만나는 이유 중의 하나가 '언제 시간이 지나갔는지 잘 모를 정도'로 재미있는 것을 바라는 욕구가 있다면 일단 친밀한 관계를 맺으려는 동기는 충분하다고 할 수 있다. 특별한 경우를 제외하고는 울거나 싸우기 위해서 상대를 만나는 경우는 거의 없다고 본다면 이 동기는 우리 모두가 지니고 있는 것이라 할 수 있다.

다음으로는 감정적 지원에의 동기가 있다. 내가 어렵고 우울할 때 남들이 나와 함께 하기를 바라는 동기로서, 이것은 친구와 같이 있는 것만으로도 심리적 위안을 얻을 수 있기 때문이다. 우리는 기쁠 때뿐만 아니라 슬플 때에도 같이 있어 줄 수 있는 사람을 친구라는 이름으로 부른다. 그리고 어려울 때일수록 더욱더 친구를 원한다. 모든 비바람을 혼자 맞고 가겠다는 외롭고도 고고한 목표가 있는 소수의 몇 사람을 제외하고는 사람들은 모두 춥고 힘들 때 같이 있어줄 사람을 갖고자 하는 동기가 있다. 그러므로 대부분의 사람들에게는 친밀한 관계를 형성하고자 하는 세번째 동기도 충분하다고 볼 수 있다.

마지막으로는 남들에게서 칭찬과 주목을 받음으로써 자존감을 높이려는 동기가 있다. 즉, 나의 진가를 발견해주는 사람들에게 둘러쌓여 있을 때 타인들과 어울리는 것을 좋아한다는 것을 말한다. 니체는 말하기를 만일 보아주는 사람이 없었더라면 인간의 문명과 문화는 반에 반도 발전하지 않았을 것이라고 했다. 그만큼 남에게 자랑하고 인정받고자 하는 욕구가 사람에게는 강하다는 것이다. 사람들이 멋있는 외모를 가지고자 하는 것도 이와 유사하다. 물론 자기만족도 있겠지만 봐주는 사람이 하나도 없다면 외모를 치장하는 재미도 많이 줄어들 것이다. 또는 자신을 알아주고 인정해주는 상사를 위해서는 목숨조차도 바치는 사람들도 바로 이런 동기와 욕구 때문일 것이다.

사람들은 위에서 말한 네 가지 동기 중의 하나 혹은 몇 개의 이유를 가지고 남들과 어울린다. 이런 선행동기가 있어야만 친밀성을 확보하기 위한 여러 가지 노력이 진가를 발휘할 것이다. 콩밭에 마음이 가 있으면 죽도 밥도 안되듯이 먼저 동기와 욕구가 있어야만 마음이 따뜻한 사람이 될 수도 있고, 만날 수도 있다.

지금까지 친밀감을 얻기 위해 필요한 것들을 몇 가지 살펴보았다. 그렇다면 우리는 왜 친밀한 인간관계를 바라는가? 그 이유는, 좋은 친구를 사귀고, 친구들과 즐거운 시간을 함께 보내고, 정서적인 유대를 나누는 것이 인생에 있어서 매우 중요하다는 것을 우리 모두가 알기 때문이다. 사회적 명성이나 많은 재산등의 외적 가치가 높은 자산은 대부분의 사람들이 소유하기를 바라는 것들이다. 그러나 친밀한 인간관계 없이 사회적 부를 유지한다는 것은 둘 다가 없는 경우에 비해 더욱더 사람들을 외롭고 우울하게 만든다. 외부에서 보기에 부족한 것이 아무것도 없는 사람이 우울증에 걸리거나 나아가서는 자살이라는 극단적인 결말을 보는 경우가 간혹 신문지상에 보고되곤 한다. 그런 사람들의 경우에 마음을 터놓을 수 있는 친구가 한명도 없이 외롭게 살았다는 사실도 거의 함께 보고된다. 이런 경우는 우리의 삶에서 정서적인 측면이 차지하는 비율이 얼마나 큰가를 그리고 사회생활을 해 나가는데 있어 친밀한 인간관계를 형성하고 유지할 수 있는 능력이 질적으로 풍요로운 삶에 얼마나 절대적인가를 보여주는 예이다.

낙천주의와 인내: 자신에게 스스로 동기부여하기

우리가 목표를 세우고 달성하고자 할 때, 자신의 감정을 잘 통제하고 자신을 동기화시킬 때 창의적으로 문제를 잘 해결할 수 있다. 또한 즉각적인 만족을 지연시킬 수 있으며 충동을 억제할 수 있는 능력과 같은 자기통제력이 모든 성공의 기초가 된다. 이런 능력을 가지고 있는 사람들에게는 어떤 어려움에 직면해도 좌절하지 않고, 낙관적인 생각을 가지며 희망을 가지고 계속해서 어려움을 헤쳐나가는 힘이 있다. 이런 사람들은 또한 목표를 구체적으로 세우고, 도전하면 성공한다는 믿음을 가지고 있으며 낙천적인 태도를 지니고 있다.

삶을 살아가는 데에는 지적인 능력도 중요하지만 끈기와 자신감이 있고, 세상일을 낙천적으로 보며, 실패하더라도 다시 일어나서 재도전하는 능력이 더 중요하다. 이런 능력에 기본적으로 필요한 것이 자기확신감 또는 자기효능감이다.

난 괜찮은 사람이다라고 말하라

누구나 일을 잘 수행하기 위해서는 자신에게 스스로 성공할 수 있다라는 식으로 보다 좋게 말하는 것이 도움이 된다. 특히 스트레스를 받아 일을 수행하기가 어려울 때는 더 도움이 된다. 이런 능력을 개발시키기 위한 한 프로그램에서는, 사람들이 두려운 상황에서 내리는 평가와 그 상황에서 대처할 수 있다는 자신의 기대를 수정해 주는 것을 목표로 삼았다. 이를 위해 불안해 하는 사람에게 스트레스가 일어나리라고 예견하는 동안 자기 스스로에게 보다 좋게 말하는 방법을 가르쳤다. 만약 여러분이 자기 스스로에게 보다 좋게 말할 수 있다면, 즉 긍정적인 내적인 독백을 하게 된다면 스트레스가 야기되더라도 그 상황에서 그런대로 효과적으로 대처할 수 있다. 긍정적으로 말하는 내적 독백의 예를 보면 다음과 같다.

스스로에게 보다 좋게 말하는 방법

  * 스트레스 원인에 잘 대비하기 위하여 *
 -. 내가 현실적으로 해야 하는 일이 무엇인가?
 -. 나는 그것을 처리할 계획을 세울 수 있다.
 -. 내가 할 수 있는 것만 생각하자. 불안해 한다고 뭐가 나아지나?
 -. 할 수 없다, 못하겠다와 같은 부정적인 말을 하지 말고, 오직 긍정적으로만 생각하자.

-. 쓸데없는 근심을 하지 말자. 근심은 아무런 도움이 되지 않는다.

* 스트레스 원인에 직면하고 잘 다루기 위해서 *

-. 그래 부딪혀 보자. 나는 이 도전에 맞설 수 있다.

-. 서두르지 말고 한번에 하나씩 하자.

　하나씩 하다보면 언젠가는 해결이 되겠지.

-. 두려움에 대해서 반복적으로 생각하지 말자.

-. 내가 할 수 있는 것만을 우선적으로 생각하자.

　관련된 것만 다루자.

-. 이 정도 긴장감을 느끼는 것은, 일에 잘 대처할 수 있게 하는 원

　동력이 된다.

-. 긴장을 풀고 이완하자.

　자, 나는 나를 통제할 수 있다. 천천히 숨을 쉬자.

　아, 이제는 잘 할 수 있다.

* 압도당하고 있는 느낌에 대처하기 *

-. 두려운 생각이 떠오르면 그대로 생각을 지속하지 말고 에너지를

　다른 곳으로 돌리도록 신체를 움직이자. 생각은 생각을 부른다.

-. 현재에 대해서만 초점을 맞추자. 오지도 않은 미래에 대한 걱정

　은 나를 더 무기력하게 만든다.

　현실적으로 내가 해야 할 일은 무엇인가?

-. 나는 두려움이 일어날 것이라고 이미 기대했었다.

　두려움을 전부 제거시켜야 한다고 생각하지 말자.

　어떻게 이런 사태에서 평안할 수 있겠는가?

　내가 할 수 있는 것만 다루자.

-. 나는 내 자신에게 그것을 하도록 확신시킬 수 있다.

나는 불안에서 벗어날 수 있다.

-. 모든 것은 언제가는 끝이 난다.

이번 일도 멀지 않아 끝나게 되어 있다.

-. 그것은 일어날 수 있는 일 중에서 가장 나쁜 일은 아니다. 이 정
도는 다행이다.

-. 그외에 다른 것에 대해서 생각하자.

-. 두려움에 대한 생각을 막아줄 수 있는 어떤 다른 것을 행하자.

-. 근심스러운 현상만 집착해서 생각하지 말고 나를 둘러싸고 있는
다른 희망적인 요소에 대해서 생각해 보자. 그러면 그렇게 최악
은 아니라는 생각에 근심에서 다소 벗어나게 된다.

*스스로에게 하는 말을 강화하기 위하여 *

-. 나는 그것을 잘 할 수 있다.

-. 그것은 내가 기대했던 것만큼 나쁜 것은 아니었다.

-. 나는 두려움에서 벗어났다.

-. 내가 내 생각을 통제할 수 있다면 나의 두려움도 통제하게 된다.

-. 내가 이 절차를 사용할 때마다 더 나아지고 있다.

-. 나는 현재 이루어지고 있는 개선에 정말 만족한다.

-. 나는 그것을 해냈다.

어떤 상황에서든 사람들의 자기암시에는 모든 문제의 해결점이 포
함되어 있다. 일을 시작도 하기 전에 실패에 대한 생각을 먼저 하는
사람은 그 생각에서 일어나는 두려움 때문에 결국은 실패하게 된다.
그와 대조적으로 긍정적으로 스스로에게 말하는 사람은 어떤 일에서

든 생각한 것보다 더 유능하게 일을 수행할 수 있게 된다. 결국 자신이 성공하느냐, 실패하느냐는, 그 결과를 자신이 어떻게 기대하는가에 어느 정도 달려 있다.

꿈을 가져라

당신은 지금 어떤 꿈을 가지고 있는가? 성공한 사람이 되고 싶은가? 지금까지 다니고 있는 회사에서 쫓겨나지만 않으면 좋겠는가? 아무런 꿈도 없는가?

꿈에는 큰 것도 있고 작은 것도 있다. 처음에는 막연한 희망을 가지고 있거나 어떤 장면을 그리면서 자신의 꿈을 상상해 볼 수도 있다. 이러한 꿈에 정서지능이 더해지면 굉장한 힘을 발휘할 수 있다. 꿈에는 이미 성공의 씨앗이 들어있다. 꿈을 가지고 있는 사람들은 대부분 세상을 낙관적으로 본다.

비관주의자는 주로 세상 일의 부정적인 면만 보는 사람들로, 자신에 대해서 부정적으로 생각할 뿐만 아니라 자신에게는 좋은 일이 일어나지 않는다고 믿는다. 이런 사람들은 자신의 믿음대로 세상을 산다. 비관적인 믿음이 얼마나 큰 힘을 발휘할 수 있는가가 베르나르 베르베르의 장편소설 '개미'에 잘 나와 있다.

1950년대에 있었던 일이다. 영국의 컨테이너 운반선 한 척이 화물을 내리기 위해 스코틀랜드의 한 항구에 닻을 내렸다. 포르투갈산 마디라 포도주를 운반하는 배였다. 한 선원이 모든 짐이 다 부려졌는지를 확인하려고 어떤 냉동 컨테이너 안으로 들어갔다. 그때 그가 안에 있는 것을 모르는 다른 선원이 밖에서 냉동실 문을 닫아버렸다. 안에 갇힌 선원은 있는 힘을 다해서 벽을 두드렸지만 아무도 그 소리를 듣지 못했고 배는 포르투갈을 향해 다시 떠났다.

냉동실 안에 식량은 충분히 있었다. 그러나 선원은 자기가 오래 버티지 못할 것을 알고 있었다. 그래도 그는 힘을 내어 쇳조각 하나를 들고 냉동실 벽 위에 자기가 겪는 고난의 이야기를 시간별로 날짜별로 새겨나갔다. 그는 죽음의 고통을 꼼꼼하게 기록했다. 냉기가 코와 손가락과 발가락을 꽁꽁 얼리고 몸을 마비시키는 과정을 적었고, 찬 공기에 언 부위가 견딜 수 없이 따끔거리는 상처로 변해가는 과정을 묘사했으며, 자기의 온몸이 조금씩 굳어지면서 하나의 얼음덩어리가 되어가는 과정을 기록했다.

배가 리스본에 닻을 내렸을 때, 냉동 컨테이너의 문을 연 선장은 죽어 있는 선원을 발견했다. 선장은 벽에 꼼꼼하게 새겨놓은 고통의 일기를 읽었다. 그러나 정작 놀라운 것은 그게 아니었다. 선장은 컨테이너 안의 온도를 재 보았다. 온도계는 섭씨 19도를 가리키고 있었다. 그 곳은 화물이 들어 있지 않았기 때문에 스코틀랜드에서 돌아오는 항해 동안 냉동장치가 내내 작동하고 있지 않았다. 선원은 단지 자기가 춥다고 생각했기 때문에 죽었다. 그는 자기 혼자만의 상상 때문에 죽은 것이다.

꿈을 가진 사람은 곤경에 부딪히더라도 일이 잘 해결될 것이라고 믿는다. 매사에 이런 긍정적인 것을 상상하면 즐거운 신체반응이 수반되고 힘이 생긴다. 꿈을 가져라. 그리고 노력하라. 그러기 위하여는 먼저 구체적인 목표를 세워라. 머리 속에 있는 꿈과 구체적인 목표를 적어봐라.

대서양을 건너기 위해 필요한 것은?

찰즈 린드버그의 성공적인 사례를 보자. 그는 1927년 5월, 혼자 세인트루이스호를 조종하여 뉴욕을 떠나 33시간 뒤 프랑스 공항에 착륙해 '하늘의 영웅'이 되었다. 그는 8살 때 처음으로 하늘을 날고 있는 비행기를 보았다. "저게 비행기로구나?", "좋아. 나도 커서 비행기 조종사가 될테다." 린드버그는 그 자리에서 결심했다. 그 꿈은 사라지지 않았다. 1926년, 그는 우편물을 싣고 우편비행을 하고 있었다. 그리고 생각했다. "나는 미주리 국방군의 대위다. 조종사로서의 꿈과 희망을 이루기 위해 이제까지 열심히 노력해 왔다. 그러나 지금은 좀더 큰 일을 하고 싶다." 그리고 린드버그는 결심했다. "좋아, 파리로 날자!"

그가 미국에서 대서양을 건너 파리로 가기 위해서는 타고 갈 비행기가 필요했다. 린드버그는 겨우 3천 달러밖에 없었다. 비행기를 사는 데 1만 달러는 있어야 했다. 그 해 겨울, 우편비행을 끝내고 가는 그의 마음은 무척 쓸쓸했다. "그러나 끝까지 노력할 것이다. 꿈을 버려서는 안 된다. 그렇다. 센트루이스의 실업가들을 모두 찾아가서 부탁해 보자." 이렇게 결심하고, 린드버그는 센트루이스 비행클럽 회장인 해리 나이트를 찾아갔다. 며칠 후 그에게 1만 5천 달러가 들어왔다. 그는 원하던 목표를 달성했다.

불안이 지나치게 가중되면 부정적으로 기대하고, 그러면 일을 잘 처리할 수 없게 된다. 실패할 것으로 기대하는 사람은 그의 예언대로 실패한다. 이제까지 실패할 것으로 기대하고 실제로 실패하는 악순환을 하고 있는 사람이 실패에 대한 기대를 끊고 더 잘 할 수 있다고 생각하면 실제로 잘 할 수 있게 될까?

한 연구에서 대학에 겨우 들어온 그리 실력이 좋지 않은 대학생들 중에서 자신이 성공한다고 기대하도록 유도된 대학생들의 경우 실제로 학업적 향상이 예상보다 높았다.

긍정적으로 사고하는 힘은 '정신적인 연습'을 통해서도 이루어질 수 있다. 포웰(1973)은 한 실험에서, 피험자들에게 과녁에 화살을 쏘는 것을 상상하도록 지시했다. 피험자 중 절반에게는 과녁의 중앙에 명중시키는 것을 상상하도록 했다. 나머지 절반의 피험자들에게는 화살이 과녁 밖으로 나가는 것을 상상하도록 했다.

'정신적인 훈련'을 하는 동안 과녁의 한가운데에 명중하는 것을 상상했던 사람들은 실제 화살던지기에서도 유의미하게 향상되었지만, 화살이 과녁 밖에 나가는 것을 상상했던 사람들은 그렇지 못했다. 성공을 생각하라, 그러면 성공한다.

자신감을 가져라

낙관적인 사람과 비관적인 사람은 다르게 행동한다. 낙관적인 사람은 그들을 행복하게 만드는 경험을 선택하게 되고, 또한 그들이 지니고 있는 능력을 최대로 발휘한다. 그리고 인생을 더욱 즐긴다. 비관적인 사람은 그 반대로 행동한다. 낙관적인 사람은 자신의 가치관에 확신을 가지고 있으며, 인생의 의미와 방향을 갖고 있다는 신념을 가지고 있다. 자신에게 일어나는 좋은 일과 나쁜 일을 통제할 수 있다는 신념도 가지고 있는 것 같다. 이들이 가지고 있는 자신감과 자존심은 행복을 위한 기초가 된다.

낙관적인 사고방식과 자신감이 학교성적과도 관련이 있다는 연구결과가 있다. 셀리그만은 대학 신입생 5,000명에게 낙관성검사를 실시했다. 이 검사점수가 IQ와 관련된 대학적성검사 SAT점수나 고등학교 성적보다 대학 1학년의 성적을 더 잘 예언했다.

유능한 세일즈맨이 될 수 있는가 하는 예언을 할 때 어떤 지표를 사용하는 것이 가장 바람직할까? 미국 최대의 생명보험회사인 메트로폴리탄 라이프사가 1980년대 중반 매년 세일즈맨 5,000명을 고용하여 1인당 3,000달러 이상의 비용을 들여 신입사원을 교육시켰다. 신입사원 중 첫해에 절반이 그만두었으며, 4년 이내에 80%가 그만 두었다. 보험일을 하면서 많은 좌절을 겪게 되는데, 그들은 이것을 견뎌내지 못했다. 좌절에 잘 견디는 성공적인 세일즈맨을 구별해 내는 방법은 없을까?

입사시험과 EQ

이 회사에서는 심리학자 셀리그만에게, 성공에 낙관성이 중요하다는 그의 이론을 검증해 달라고 부탁했다. 셀리그만의 이론에 의하면, 낙관주의자는 실패했을 때 그 원인을 극복할 수 없는 선천적인 자신의 약점으로 돌리기보다는 자신의 변화시킬 수 있는 면에서 실패의 원인을 생각한다는 것이다. 그리고 자신을 변화시킬 수 있다는 자신감으로 점점 더 강하게 된다는 것이다.

셀리그만은 신입사원에게 두 종류의 검사를 실시하였다. 하나는 회사에서 이제까지 실시해 왔던 면접시험이었고, 또 하나는 그가 제작한 낙관성 검사였다. 신입사원 중에는 면접시험에서는 낙제점수를 받았지만 셀리그만의 낙관성검사에서는 최고로 높은 점수를 받은 집단이 있었다. 이 집단의 사람들은 최선의 노력을 했으며 보통집단의 비관적인 사람들보다 첫해에는 21%, 다음해에는 57% 더 좋은 성적을 냈다.

왜 보험판매에서 이러한 차이가 나타났을까? 이는 IQ에서의 차이가 아니라 낙관성 등이 포함된 EQ에서의 차이로 일어난 것이다.

통제감을 가져라

자신에게 일어나는 일은 대체로 자기의 노력에 의해 통제되고 변화될 수 있다고 생각하는 것이 중요하다. 이런 내부 통제감으로 무력감, 우울 및 정서적 무감각을 잘 이겨낼 수 있다. 이런 생각은, 사람들이 자신의 조건과 운명에 스스로 영향을 미칠 수 있다는 기대를 하는 경험에서 생긴다. 반면 내부 통제감이 아니라 외부 통제감을 가진 사람들은, 자신의 성취, 성공 및 실패 모두가 운명이나 운에서 생긴 것이며, 스스로는 아무런 영향도 미칠 수 없다고 느낀다.

대부분의 사람들은 외부 통제감과 내부 통제감 둘 다를 가지고 있다. 어떤 조건에서는 내부 통제감을 느끼고 또 어떤 조건에서는 외부 통제감을 느낀다. 문제상황에서는 가능한한 내부 통제감을 느끼는 것이 중요하다. 물론 사람들이 변화시킬 수 있는 것에는 능동적으로 대처하는 것이 최상이지만, 우리가 살다보면 자신의 의지와 노력만으로는 통제할 수 없는 일도 생긴다. 이때에는 이것이 순리대로 이루어지도록 그 시간을 인내하고 견디어 내는 것도 중요하다.

걱정을 되씹지 말라

"**나**는 이것을 결코 할 수 없어." 이와 같은 부정적인 자기암시가 반복되면, 효과적으로 일을 처리할 수 없게 된다. '자, 이제까지 한 것을 검토해 볼까?' 라며 과제와 관련된 사고를 해야 할 때 부정적인 암시와 걱정은 그런 사고를 방해한다. 그러므로 지나치게 걱정만 하는 사람은 고통을 받게 되고 결국 일 처리도 제대로 하지 못하게 된다.

걱정만 되씹는 이런 습관은, 해야 할 과제가 복잡하고 다양한 반응을 해야 할 때 더 나쁜 영향력을 미친다. 머리에 자신에 대한 부정적인 사고만이 가득 차 있을 때 우리는 과제에 효과적으로 정신을 집중할 수가 없다.

"이 일을 잘 처리하느냐에 따라 내가 승진하느냐 못하느냐가 결정돼." 이런 식의 결정적인 압박감을 느낄 때, 즉 과제를 성공적으로 하는 것이 특별히 중요하다고 생각할 때에는 동기가 지나치게 증가한다. 이럴수록 그 동기가 실제로는 자신에게 얼마나 좋지 않게 작용하는가는 누구든지 경험해 보았을 것이다. 이럴 때 덜 불안한 사람은 적절하게 과제에 주의를 기울이면서 어떻게 효과적으로 행동할 것인가에 대해 집중적으로 생각한다.

운동선수가 최고의 기록을 낼 수 있게 하는 것은 집중력과 자신감이다. 집중력은 운동선수가 경기 중에 들리는 관중의 함성소리와 같은 외적 요인과, 긴장으로 인한 신체기관의 변화와 같은 내적 요인으로 인해 주의가 산만해지는 것을 감소시키거나 막을 수 있게 해 준다. 그런데 만약 운동선수가 극도의 스트레스로 공포에 휩싸이면 집중력이 떨어지게 된다. 공포로 인해 심장박동은 빨라지고 그로 인해 생각이 혼란스러워진다. 당면한 경기에 주의력을 기울이지 않고 자신의 신체적, 정신적 상태에 주의가 간다. 그러면 집중력은 떨어지게 되고 자신감도 떨어진다. 결국 집중력과 자신감을 잃게 된 운동선수는 심리적 신체적 손상을 받게 되고, 따라서 시합에 지게 된다.

참는 것이 힘이다

어릴 때의 인내는 미래의 성공을 예언한다

아동이 큰 만족을 얻기 위해 즉각적인 작은 만족을 참을 수 있는 시간에는 개인차가 있다. 이 개인차는 중요하고, 앞으로 그 개인의 유능감에 대한 지표가 된다. 미셸이 행한 일련의 연구에서 아동이 자라서 성공하느냐의 여부는 아동의 IQ보다 얼마나 욕구 만족을 지연시킬 수 있는가가 더 잘 예언해 주었다.

이 연구에서 연구자는 아동들에게 '너는 지금 당장 매쉬멜로 과자를 1개 가질 수 있다. 그렇지만 내가 볼 일을 보고 돌아올 때까지 기다리면 너는 과자 2개를 가질 수 있다' 라고 말하고는 방을 나갔다. 어떤 아동들은 만족을 지연시키지 않고 즉각적으로 과자 1개를 택했다. 몇몇 아동들은 기다려서 두 개의 메시멜로 과자를 받았다. 이 아이들이 자신의 욕구를 지연시키는 모습을 보면, 몇몇 아동들은 유혹을 이기려고 그 과자에 대해 생각하지 않으려고 했다. 어떤 아동은 손으로 눈을 가렸으며 팔을 배개삼아 엎드려 있는 아이도 있었다. 또 어떤 아동은 자신에게 이야기하기도 하고 노래를 부르기도 하고 스스로 고안한 게임을 하기도 했다. 한 아동은 기다리는 동안 성공적으로 잠들기까지 했다.

취학전 아동이 유혹에 견딘 시간과 12년 후 부모가 본 그 아동의 인지적 유능성 및 사회적 유능성은 밀접한 관계가 있었다. 취학전에 더 많은 메시멜로를 받기 위해 당장 눈앞에 보이는 메쉬멜로를 먹지 않고 참을 수 있었던 아동들은, 12년 후 주의력있고, 집중할 수 있으며, 생각을 잘 표현하고, 사리에 맞게 반응하고, 유능하고, 계획적이고, 미리 생각할 수 있고, 그리고 스트레스에 잘 대처하는 청년으로 발달하였다.

일찍 유혹에 굴복했던 아이들은 외톨이가 되거나 쉽게 좌절하고 고집이 센 청년으로 자라는 경향이 있었다. 그들은 스트레스에 시달리고 있었으며 힘든 일에 도전하기를 두려워했다. 그리고 두 집단의 대학입학 적성검사 SAT 점수를 비교해 보았더니 오랫동안 견디었다가 큰 보상을 받은 아이들이 즉각적인 적은 보상을 받은 아이들보다 평균 210점이나 높은 점수를 받았다.

다음에는 취학전 아동기 때 만족을 지연시킨 시간과 청년기 때 부모가 한 평정의 예를 나타내고 있다.

취학전에 보상을 오랫동안 지연시켰던 아동은 아래와 같은 청년이 되는 경향이 있다.

주의력과 집중력이 뛰어나다.

말이 유창하고, 생각을 잘 표현할 수 있다.

이치에 맞고, 사리에 맞게 행동한다.

자신이 유능하다고 느낀다.

미리 계획하고, 생각한다.

자신감있고, 자기판단을 믿는다.

호기심이 많고, 탐구적이고, 배우는 것을 원하고, 개방되어 있다.

처음 시작하는 활동에서 풍부한 전략을 생각한다.

지적 능력이 높은 것으로 보인다.

자기에 대한 기대치가 높다.

취학전에 보상을 지연시키지 못하고 즉각적인 만족을 추구한 청년은 아래와 같은 경향이 있다.

스트레스하에서 자제심을 잃고 당황한다.

스트레스하에서 미숙한 행동으로 되돌아간다.

자기자신에 대해서 무가치하다고 느낀다.

침착하지 못하고, 안절부절한다.

수줍어하고, 내성적이며, 사회적 접촉을 잘 못한다.

스트레스하에서 위축된다.

불안이나 긴장에 대해 부적절하게 대처하여 반복적인 행동을 습관적으로 보인다.

고집이 세다.

환경을 예측할 수 없을 때 불안해 한다.

만족을 지연시킬 수 없다.

위의 연구에서 보았듯이 이러한 차이는 IQ의 차이로 인한 것이 아니라 EQ의 차이로 볼 수 있다. 어린 시절부터 충동을 조절할 수 있는 능력이 있는 EQ 높은 아동이 충동을 조절하지 못하는 EQ 낮은 아동에 비해 청소년이 되었을 때, 생활전반의 적응이나 성취에서 보다 뛰어났다는 것을 나타낸다.

자기통제

충동억제와 같은 자기통제는 높은 EQ에 필수적이다. 자기 자신을 통제하는 바람직한 방법에는 어떤 것이 있는가? 아래에 나오는 방법은, 특히 다이어트를 하는 사람, 금연하는 사람, 또는 두려움을 극복하고자 하는 사람에게 도움이 될 수 있다.

자기통제를 증진시키기 위한 방법

첫째, 자기관찰법 : 자기 자신의 행동에 대한 체계적인 관찰을 한다. 예를 들면, 다이어트를 하는 사람은 적어도 1주일간 자신이 먹은 것을 모두 기록한다. 그리하여 자신의 식습관을 스스로 판단한다.

둘째, 자극통제법 : 어떤 단서들이 있을 때에만 특정 행동을 행하도록 정한다. 예를 들면, 불면증이 있는 학생의 경우, 정해진 시간에 정해진 장소에서만 공부한다. 침실과 공부방을 분리시켜 침실에서는 공부나 일을 하지 않도록 한다.

셋째, 바라던 행동을 할 경우 스스로 자신에게 상을 준다. 예를 들면, 어떤 학생이 자신이 계획한 학점을 받으면 스스로 자신을 칭찬해주고 자신이 하고 싶었던 일을 하면서 즐긴다.

넷째, 자신의 행동을 통제하기 위해 자기 자신에게 자기지시적인 암시를 한다. 예를 들면, 충동적인 아동의 경우 '천천히 가라', '주의 깊게 공부하라'와 같은 말을 자주 독백하도록 한다.

자기지시법을 사용하여 창조적인 문제해결능력을 증가시킬 수 있다. 이와 관련해서 마이켄바움이 제안한 지시문을 참고하라.

* 창조성 능력의 증가를 위한 자기진술문의 예 *

창조하라, 독특하라.

평범한 것에서 벗어나라.

어느 누구도 생각하지 못하는 것을 생각하라.

그저 자유롭게 행동하도록 하라.

당신이 당신 자신을 밀고 나간다면, 당신은 창조적일 수 있다.

양은 질을 낳는다.

문제를 파악하라, 당신이 해야 할 일은 무엇인가?

판에 박힌 행동에서 벗어나라. 무엇이라도 시도해 보라.

지금 휴식을 취하라. 다시 아이디어가 생길 때를 아는 사람이 되라.

자유연상을 하라. 생각을 흐르게 하라.

긴장을 풀고 이완하라.

당신의 아이디어들이 작용하게 하라.

아이디어들이 번뜩이게 될 것이다.

당신의 경험을 참고하라. 그것을 다른 관점에서 보도록 하라.

제 **3** 부

정서지능의 활용

정서지능과 부부관계

알 수 없는 부부관계

얼마 전에 모 여행사의 효도 해외 여행단에 따라갔던 독신녀 H씨는 5일 간의 여행 동안 결혼에 대해 심한 회의만을 느끼며 돌아왔다. H씨가 그 여행에 참가하게 된 것은 부모님의 사이가 그리 원만치 않아 두 분만 여행할 경우 끊임없는 마찰로 자녀들의 효도 목적이 엉뚱한 결과를 초래하지 않을까 하는 우려에서였다. 그러나 막상 이 여행에서 H씨는 자신의 부모님만이 특별히 나쁜 부부 사이는 아니라는 사실을 알고 무척 놀랐다.

총 7쌍이 여행에 참석했는데, 이 노부부들 중 6쌍은 드러내 놓고 상대방에 대해 부정적인 감정을 표출했고, 한쪽이 상대방에게 거의 폭군과 같이 군림하는 모습을 보였다. 예를 들어 어떤 부부는, 할머니가 뷔페식당에서 끊임없이 왔다갔다하며 할아버지의 음식을 날라다 주면서 마치 하녀와 같이 행동하였고, 또 어떤 부부의 경우에는 할아버지가 아주 적은 돈을 쓰는 데에도 계속 할머니 눈치를 보며 전전긍긍했다. 여행 중 숙소에서도 밤마다 할머니들끼리만 따로 한방에 모여 할아버지들의 흉을 보고 불만을 털어놓았다. 이런 행동들로 H씨는 답답하였는데 어느 날 부부 사이가 좋아 보이는 할머니의 옆에 앉게 되어 "할머님댁은 참 보기가 좋네요."라며 부러움을 표현했다. 할머니는 방긋이 웃으시며 "내가 참고 맞추고 사느라고 그렇지 사실은 나도 속이 시커멓게 썩었다우."라고 말씀하셨다.

불교에서는 부부의 인연을 많은 경우 전생의 원수가 현세의 부부로서 만난 것이라고 한다. 그만큼 많은 부부들이 쉽게 갈등을 겪는다는 말일 것이다. 실제 우리 나라의 통계조사에서도 70년에 4.3%에 이르던 이혼율이 90년에 11.9%로 증가하였고, 95년 자료에 의하면 18.1%로 나타났다. 결혼한 5쌍의 부부 중 1쌍이 이혼한 꼴이다. 또한 과거에는 이혼의 사유로 폭력이나 부정행위와 같이 배우자에 대한 부당한 대우로 인한 것이 많았으나 요사이는 서로의 요구가 관철되지 않아서, 사소한 것에도 서로 못마땅하여 비난하고 싸우는 등 성격상의 차이가 이혼 사유로 늘어나고 있다. 결국 이것은 많은 부부들의 경우 어긋난 정서가 이혼의 이유가 되고 있다는 사실이다.

실제로 우리가 어떤 사람과 지속적으로 특별한 관계를 형성하고 유지하려는 데에는 경제적 보장이나 사회적 인정과 같은 이성적인 판단의 힘보다는 호의적인 느낌, 사랑, 신뢰, 열정과 같은 정서적인 요인들이 더 강력한 영향을 준다. 대부분의 커플들이 결혼 전에는 서로에 대한 열정과 사랑으로 상대편에게 호의적으로 말하고 행동하고 상대방을 우선 배려하고자 한다. 결혼 초기에는 거의 모든 커플들은 이런 상황이 지속되리라고 믿고, 또 부부는 일심동체라는 생각을 하면서 배우자가 나와 똑같은 가치관, 생각, 느낌을 가질 것이라는 기대를 한다. 바로 이러한 착각이 문제를 야기한다. 우리는 서로 각기 다른 성격특성과 감정상태를 가지고 있고 서로 다른 환경에서 성장한 개체라는 사실을 인정하지 못하기 때문에 문제가 발생하는 것이다.

남성과 여성의 발달상의 차이

사람은 태어나면서부터 자신의 성별에 맞는 성격 특성을 지니고 적합한 행동을 하도록 사회화된다. 남녀에게 기대하는 성역활 기준이 사회마다 다소 다르기는 하나 여성에게는 자녀를 키우고 가사를 담당하는 '표현적' 역할을 기대하므로 여자아이는 다정하고 상냥하고 협조적이고 타인의 감정에 민감해야 된다고 생각한다. 반면에 남성에게는 가족을 부양하고 보호하는 '도구적' 역할을 기대하므로 남자아이는 지배적이고 독립적이고 자기주장적이며 경쟁적이어야 한다고 생각한다. 이로 인해 남자들은 대부분 감정의 흐름보다는 대범하고 독립적인 것을 나타내는 행동을 우선적으로 하게 되고 여자들의 경우에는 독립적이고 강한 모습보다는 감정적인 배려와 관계를 중시하는 행동을 하게 된다.

대체로 이런 남성과 여성에 대한 고정관념으로 남녀간의 실제적인 차이는 과장되고, 왜곡된 성장과정을 초래한다. 미셸(Mischel, 1976)은 사실상 남자아이와 여자아이가 비슷한 행동들을 획득하지만 자신의 성에 적합치 않은 행동을 하면 사회적 제약이 따르기 때문에 그 실행이 제한되는 것이라고 보았다. 즉, 아이들은 어머니와 아버지를 다 모델로 가지고 있어 남성과 여성의 행동을 다 같이 획득하지만 자기의 성에 맞지 않는 행동을 했을 때에는 신체적 처벌, 어리석다는 느낌, 사회적 거부나 비난, 놀림 등의 처벌을 받게 되므로 결국 한쪽의 행동만을 실행하게 되고 그것이 성역할이나 특성으로 굳어지는 것이다.

부부간의 건널 수 없는 강

한 부인이 건강진단 결과 신체적 원인은 아무것도 나타나지 않는데에도 불구하고 지속적으로 가슴의 통증을 느껴 상담실을 찾아왔다. 그녀는 오랜 기간 남편에 대한 불만으로 갈등을 느껴 오고 있었다. 그녀는 남편이 퇴근 후에는 자신과 차를 마시며 집안의 대소사를 의논하고 대화도 하며 다정한 시간을 갖기를 원했으나, 남편은 이같은 욕구를 전적으로 묵살해 오고 있었다. 남편이 집에 있을 때에는 항상 TV나 신문을 보면서 묻는 말에 건성으로 대답하고 어떤 때는 하는 말을 듣지도 않았고 귀찮게 군다며 화를 내기도 했다. 예컨대 시부모의 생신과 관련해 시누이와 의견이 맞지 않아 속상해 하면서 잔뜩 벼르고 있다가 이런 사실을 이야기하면 '둘다 할일 참 없네. 신경 쓸게 뭐 있나? 알아서 해' 하는 식으로 맥이 빠지는 말을 던지고는 자신과는 무관한 내용인듯 TV를 보곤 했다.

이같이 서로 다른 감정적 차이는 생물학적인 요인의 탓도 있지만 많은 부분 서로 다른 발달과정을 거친 것이 그 원인이 된다. 즉 감정 형성 과정의 차이로 여성들은 상대방의 비언어적 행동을 이해하고 감정을 배려하고 교환하는 것에 익숙해 지고 남성들은 감정을 인식하고 교환하는 것을 최소화하는데 익숙해져 간다.

결혼생활에서 남성들은 대체로 자신의 결혼 상태를 낙관적으로 생각한다는 사실에도 일부 원인이 있다. 한 연구에 의하면, 성관계, 경제 사정, 혼인으로 인한 친척관계, 서로에게 귀를 기울이는 정도 등 여러 사항에서 남편들이 아내들보다 훨씬 더 문제가 없는 것으로 인식하고 있다고 한다. 이로 인해 아내는 자신의 입장이나 기분을 제대로 이해하지 못하는 남편에 대해 많은 실망과 좌절감을 경험하게 된다. 대부분의 결혼생활에서 성공과 실패에 결정적인 요소는 성관계 횟수, 혼인으로 인한 친척관계, 생활습관의 차이 등이 아니다. 오히려 문제에 부딪쳤을 때나 의견에 차이가 있을 때, 어떤 식으로 대화하여 감정적 균열을 극복하고 서로간의 차이를 타협시켜 나아가느냐가 중요한 관건이 된다.

남녀간의 엇갈린 감정

발달과정상의 차이로 인하여 남성과 여성은 감정적 상호작용에 다소 차이가 있다. 발달과정에서 겪은 경험이 타고난 성격을 바꾸는 것은 아니나 감정이 느껴질 때 이에 임하는 태도에는 영향을 줄 수 있다.

버클리 캘리포니아 대학의 로버트 테벤슨 교수의 조사에 의하면, 대부분 남성들이 여성들보다 결혼생활 중의 의견 불일치로 인한 당혹감 때문에 더 많은 불쾌감과 혐오감을 보인다고 한다. 그리 심하지 않은 배우자의 비난에도 쉽게 격렬한 감정을 느낀다는 사실이다. 그러나 남성들의 경우 이런 감정적 흐름을 감추기 위해 냉정한 태도나 회피적인 모습을 보인다는 것이다.

이같은 방어적인 남성들의 태도로 인하여 결혼생활에서 마찰이 생겼을 때 배우자인 여성들은 무시당했다는 좌절감과 분노감을 느끼면서 남편에게 무차별적인 비난을 하게 되고 심하면 경멸적인 태도를 취하게 된다. 이런 배우자의 행동으로 인해 남성은 감정이 더 격렬해지고 그럴수록 더욱 무심한 태도를 취하는 악순환이 나타난다.

집에서 그런 것도 안하면 뭘 해

이사를 한 C부인은 가까운 친지들을 모시고 저녁식사를 하게 되었다. 아직 집정리도 제대로 되지 않았고 이사하느라고 지쳐 버린 C부인은 손님들이 오기 며칠 전부터 무슨 음식을 장만할 것인가 고민하게 되었고 점차 부담감이 심해지면서 짜증이 났다. 고심을 하다 대충할 것들을 결정한 부인은 저녁 때 남편이 자신의 어려움을 좀 알아주었으면 하는 심정에서 일종의 투정을 하였다. "정말 귀찮게 이런 것들을 꼭 해야 되요? 당신이야 가만 있으면 되지만 난 집정리도 더 해야 되고 음식까지 준비하려니 너무 힘들어요. 먹는 사람은 별게 아니겠지만 왜 나만 매일 이런 것들로 신경을 써야 되요?" 부인은 은근히 "그래도 당신은 잘 해내잖아. 이사하고 또 손님까지 치러야 되니 힘들지?"하는 식의 남편의 다정한 반응을 기대했다. 그러나 남편은 "집에서 그런 것도 안하면 뭘해? 남들도 다 하고 사는 거야." 자존심이 단단히 상하고 불쾌해진 아내는 이 서운함을 가슴 깊숙이 간직했다.

물론 남편이 서운함을 느끼는 반대 상황도 허다하다. A씨는 직장생활이 무척 고달프다. 매일 매일 있는 힘을 다해 일하는 데에도 성과별 연봉제나 명예퇴직 등 스트레스를 주는 사건들이 하나둘이 아니다. 최근에는 성격이 까다로운 직속 상관이 끊임없이 들들 볶고 있다. '정말 못해 먹겠다'라는 생각에 '그만 두겠다'라는 말이 목까지 나왔으나 초등학생, 중학생인 아이들과 아내를 생각하면서 결국은 풀이 꺾이고 만다.

남들도 다 하는 회사일

하루종일 직장에서 많은 스트레스를 받은 A씨는 집에 들어와 부인에게 하소연하였다. "정말 그 상사와 더 이상 같이 일 못하겠어. 안 그래도 스트레스 많은데…" A씨는 부인이 자신을 조금이라도 이해해 주면서 "정말 이상한 사람인가 봐. 당신 힘들어서 어떻게 해요? 정 힘들면 다른 방도를 생각해 봐요. 이러다가 당신 몸 상하겠어요."라는 위로의 말을 해줄 것으로 기대했다. 그러나 아내는 '또 시작이구나'라는 표정을 짓거나 한심하다는 눈초리로 "딴 사람들도 다 그렇게 살아요. 당신 혼자만 직장생활해요?"라는 싸늘한 말을 했다. 이 순간 A씨는 거친 비바람이 부는 황량한 벌판에서 혼자 서 있는 것 같은 초라한 자신을 느꼈다.

이러한 부부간의 거리감을 줄여 줄 수 있는 것이 정서지능이다. 우리는 쉽게 이런 상황을 성격상의 차이라고 이야기한다. 성격이 서로 틀려 상대방의 행동이 전혀 이해가 되지 않는데, 타고난 성격을 어떻게 바꿀 수 있냐고 반문한다. 물론 성격은 쉽사리 바뀌지 않는다. 그러나 의식적으로 서로 조금만 상대편의 감정을 이해해 보려고 노력하고, 문제 상황에서 진정 어떤 말들이 위로가 될지를 생각해 본다면 부부간의 유대감이 더 두터워지는 것을 느낄 수 있다. 힘들 때, 모든 것을 포기하고 싶을 때 진정 누군가가 자신을 이해해 준다는 느낌은 역경을 이겨낼 수 있는 가장 큰 지지대가 된다.

부부생활에서 더 큰 행복 갖기

서로 다른 성격을 가지고 서로 다른 환경 속에서 성장한 두 사
람이 결혼생활에서 생기는 다양한 마찰을 계기로 가능한 서
로를 이해하고 맞추어 가면서 공감대를 형성해 간다. 즉, 결혼생활에
서의 다양한 마찰은 서로를 이해하게 하는 중요한 삶의 한 과정이라
고 할 수 있다. 간혹 정신적으로 아주 성숙하여 서로를 잘 이해하고
양보하며 사는 부부가 있는가 하면, 서로 부딪쳐 언성을 높이게 되는
상황이 두려워 한쪽 배우자는 일방적으로 참는데 다른 한쪽은 자신들
은 너무 완벽한 부부라 다툼이 없다는 착각을 하며 사는 부부들도 있
다. 그러나 후자의 경우, 희생당하는 쪽의 인내가 한계에 다다르게 되
면 결혼생활은 파경을 맞게 된다.

막다른 상황에서 두 사람은 서로 잘 살고 있다는 착각에서 벗어나
실제로는 서로에 대해 아무것도 아는 것이 없다는 것을 발견하고는
당혹해 한다. 두 사람의 관계를 지속시켜 줄 수 있는 공감대가 전혀
형성되지 못했다는 사실에 배반감까지 느끼며 이런 경우 미련 없이
이혼이라는 극단적인 길을 선택하게 된다.

그렇다고 이런 공감대를 형성해가는 과정에서 서로에게 돌이킬 수
없는 깊은 상처를 주게 되는 상황으로까지 마찰을 가속화시켜 나가는
것 역시 부정적인 결과를 초래하고 만다. 중요한 것은 어느 선까지는
상대방의 자존감을 생각해 주면서 서로 감정적인 조화를 이루려고 노
력하는 것이다.

다음은 부부생활에서 더 큰 행복을 찾기 위한 몇 가지 방법을 소개
한다.

1. 상대방에게 인신공격을 하지 마라

서로 의견의 불일치가 생겼을 때 가장 유념해야 할 점은 상대방에게 그 행동에 대해서가 아니라 개인적인 인신공격을 하는 식의 비난을 해서는 안된다는 점이다.

어디 두고 보자

결혼 기념일을 며칠 앞두고 L씨는 여러 가지 낭만적인 계획을 생각했다. 물론 남편도 자신들의 첫 결혼 기념일인 만큼 잊지 않고 멋진 생각을 할 것이라고 믿었다. 그러나 결혼 기념일 이틀 전에도 남편은 자신들의 결혼 기념일에 대해 아는 것 같은 아무런 기색을 보이지 않았다. 자존심이 조금 상한 L부인은 '그래 한번 두고 보자' 하는 오기가 생겼다.

그 전날까지도 기념일날 출근시간까지도 남편은 아무 말도 없이 평상시와 똑같은 태도로 출근을 했다. 서운은 했지만 나름대로 조촐한 파티상을 차린 L부인은 밤 12시까지 아무런 연락도 없는 남편에게 무척 화가 났다. 술을 마시고 들어온 남편을 향하여 L부인은 소리를 질렀다. "당신이 그렇지, 당신 같은 남자를 사랑한다고 착각한 내가 바보지, 뭐하나 제대로 하는 게 있어요? 정말 못 살아." 사태를 직감한 남편은 처음에는 너무 미안했고 어찌할 바를 몰라 당황했으나 아내의 매몰찬 말에 점차 '이렇게까지 내가 잘못한 것이 있나' 하는 생각이 들었다.

'합리적인 불평'과 '인신공격적인 비난'의 차이는 간단하다. 합리적인 불평의 경우에는 상대방의 행동이 자신에게 어떤 당혹스러움과 느낌을 주었는가를 표현하는 것이다. 인신공격적인 비난의 경우에는 상대방에 대한 전체적인 인신공격과 함께 그동안 누적된 불만들이 같이 쏟아져 나온다.

위의 사례의 경우 남편에 대한 인신공격이 아니라 '난 당신이 우리 결혼 기념일만은 꼭 기억해 주었으면 했어요. 정말 서운하네요. 난 며칠 전부터 당신과 멋진 시간을 보내기 위해 별 생각들을 다 했는데…' 라며 그 일에 대한 자신의 섭섭한 마음을 전달한다면 남편은 오히려 더 미안해하며 '다음부터는 꼭 생각해야지' 라는 결심을 하게 된다. 비록 내년에 같은 행동이 반복된다고는 하더라도. 위와 같은 노력을 하면 결혼 기념일에 서로 냉정하게 등을 돌리고 자는 서운하고 불행한 밤이 아닌 서로에 대해 잔잔한 사랑을 확신시켜주는 행복한 밤이 될 수 있다.

2. 상황이 안 좋을 때에는 둘 사이에 가장 좋았던 시기를 생각하라.

우리는 서로에게 실망하고 화가 났을 때 흔히들 배우자가 자신에게 얼마나 많은 상처를 주고 고생시켰는가를 확신시키는 과거의 부정적인 기억들만을 반복해 생각하면서 더 심한 격정과 흥분에 휩싸이게 된다. 이런 과정 중에서 우리는 실제로 현재 배우자가 행한 서운한 행동을 과장하여 받아들이게 되고 자극에 맞지 않는 심한 좌절감과 괴리감으로 분하게 생각한다. 이런 정서적 교란 상태는 문제 상황에서 합리적이고 현실적이고 객관적인 판단을 할 수 있는 힘을 거의 마비시켜 버려 결국 감정에 의해 서로에게 상처만을 남기는 결과를 초래하기 쉽다.

추억은 언제나 그럴 듯하다

상황이 안 좋을 때일수록 서로 행복하고 흐뭇했던 날들을 기억해
보자. 이것이 힘들면 서로 사랑을 나누었던 연애시절을 생각해 보자.
서서히 흥분이나 원망이 줄어드는 것을 경험할 수 있을 것이다.

3. 감정이 격할 때일수록 조금 참았다가 표현한다.

부부생활을 하면서 사소한 말다툼으로 시작한 것이 나중에는 서로
의 자존심을 상하게 하는 심한 다툼으로 전개된 경험을 했을 것이다.
이럴 경우 상대방의 속을 더 상하게 만드는 원망을 하게 된다. 예를
들면, 오기로 상대방의 가슴에 비수를 꽂는 것과 같은 모진 말을 하고
싶은 충동이 생길 수 있다. 결혼생활을 해 오면서 서로에 대해 가장
싫어하는 표현이 무엇인지 저절로 알게 된다. 그러나 이런 말들은 평
생 서로를 서먹하게 만드는 한을 가슴에 품게 만든다.

가까운 사람이 박은 가슴의 못

한 남자가 어려서 부모를 여위고 굉장히 힘들게 자신을 채찍질하며
살아 왔다. 이 남자는 주변 사람들로부터 '부모없이 막자랐다'는 평가
를 듣게 될까봐 아주 절제된 생활을 해왔다. 그러다 보니 상당히 소심
하고 우유부단해져서 어떤 일을 과감하게 하지 못했다. 어느날 이 부
부가 사소한 자녀문제로 다투게 된 것이 심한 감정의 흥분상태로까지
이르게 되었다. 이때 부인은 순간적으로 "부모없이 자란 당신을 나나
되니 같이 살았지 어느 여자가 시집을 오겠냐."는 가슴에 박히는 말을
하고 말았다. 그날 이후 이 남자는 삶에 의욕이 없어지고 여기저기 몸

이 아프다는 호소를 했다. 감정이 격해 있을 때일수록 가능한 그 자리를 피해 서로 치명적인 상처를 남기는 불행한 일은 막아야 한다. 내일이 되면 우리의 감정은 많이 달라져 있을테니까.

2 정서지능과 직장생활

아직도 일부 경영관리자 중에는 일이란, '머리로 하는 것이지 마음으로 하는 것이 아니다' 라고 생각하는 사람들이 있다. 그들은 부하직원의 감정을 고려하면 조직목표를 달성하기 어렵다고 생각한다. 중요한 의사결정 순간에 감정적으로 냉정해야 기업을 위한 결정을 할 수 있는데 그렇지 않고 직원들의 감정을 고려하다 보면 의사결정은 흐려지고 직원관리도 어렵게 된다고 생각한다.

그러나 현재는 수평적 기업경영시대, 세계화와 정보화시대로, 그 어느 때보다도 인간관계 기술인 EQ에 의해서 기업의 성패가 영향을 받게 된다. 상사가 자신의 감정을 다스리지 못하여 감정을 폭발시키거나, 주위에 있는 사람들의 감정을 인식하지 못하고 자신의 생각대로만 밀고 나간다면 팀이 어떻게 되겠는가?

정서로 말미암아 일어나는 흥분상태는 개인의 사고에 해로운 효과를 나타내는데 이러한 상황은 직장에서도 일어난다. 사람들이 정서적으로 혼란되어 있을 때에는 잘 기억할 수 없으며, 학습도 잘 할 수 없고 명확한 의사결정도 내릴 수 없다.

EQ가 높은 사람들은 부하직원의 감정을 잘 이해하고, 불일치를 잘 통합시킨다. 리더십이란 부하직원을 지배하는 것이 아니라 조직의 공동목표를 향하여 직원들을 동기화시키는 기술이다. 즉 EQ가 높은 상사가 리더십있는 사람이 된다.

직장에서 낮은 EQ의 대가

평소 화를 잘 내는 상사를 모시는 부하직원이 사고가 날 것을 뻔히 알면서도 상사가 화내는 것이 두려워 위험한 상황임을 알리지 않고 아무 말도 못하고 있다가 참사를 맞게 되는 경우가 간혹 있다. 팀워크, 개방적인 의사소통, 협동하기, 남의 말을 경청하기, 자신의 마음을 열고 대화하기는 정서적 지능의 기초로, 이는 현재 조종사훈련장면에서 기술만큼이나 중요시되고 있다. 이와 같은 상황은 다른 조직 내에서도 일어난다. 직장에서 일을 할 때 EQ가 낮으면 그 대가를 크게 치르게 된다.

회사를 망하게 하는 것은 낮은 정서지능이다

으시대는 상사, 겁먹은 부하직원과 같은 상황에서 볼 수 있는 정서적 결핍이 어떤 직업상황에서는 그 결과가 외현적으로 잘 드러나지 않는 경우도 있다. 이런 상황에서는 극단적인 결과는 나타나지 않으면서 생산성이 낮아지고, 일을 약속기일에 맞추지 못하고, 불량품생산이 늘고, 사고가 발생하고, 직원들의 이직이 많아진다. 직장 내에서 직원들의 정서가 무시되면, 즉 EQ가 낮은 사람들이 그 직장을 경영하거나 지휘하고 있으면 그 직장의 수익이 줄고, 낮은 EQ를 가진 사람이 많으면 그 기업은 망하게 된다.

때와 장소에 따른 감정표현

대부분의 사람들은 어떤 감정을 강하게 처음 느낄 때, 즉 흥분 상태에서 감정을 표현하는데, 이때가 가장 적절치 못한 때이다. 만약에 이웃 팀에서 나는 시끄러운 소리 때문에 업무를 계속하기 어려울 때 끓어오르는 분노를 그대로 표출하면 나중에 후회하게 된다. 이런 경우에는 감정을 적절히 표현할 수 있도록 감정이 진정될 때까지 조금 기다리는 것이 더 현명하다.

직장상사가 반복적으로 업무에 맞지도 않는 엉뚱한 것들을 그대로 시행하라고 명령하고 우기는 행동을 하고 있다고 하자. 물론 화가 대단히 많이 날 것이다. 그러나 이때 상황을 잘 판단해야 한다. 단 둘이 있는 상황이라면 감정을 진정시키면서 대화를 하는 것이 도움이 되기도 하나 여러 사람이 모인 장소에서 이런 감정을 표현한다면 그 상사는 더 고집을 부리고 결국 그 사람에 대한 부정적인 감정으로 악순환만 계속되게 될 것이다.

감정이 진정된 후에라도 감정을 표현하기에 적절한 시간을 골라서 표현하는 것이 더 성숙한 태도이다. 또 잡다한 문제로 몹시 바쁘거나 피로하다거나 자신에게 골치아픈 일이 있으면 감정표현을 다음 기회

로 미루는 것이 좋다. 자신의 기분상태뿐 아니라 상대방 역시 남의 감
정을 받아들일 준비가 되어 있는가도 확인해야 한다. 대단히 화가 나
있는 상태에 있을 때 또는 다른 사람들의 평가에 매우 민감해 질 수
있는 상황에서 감정이나 의견을 표현한다면 나중에 일이 더 잘못되는
경우가 많다.

감정을 표현할 경우에는, 그 감정이 특정한 상황 때문에 일어났다
는 것을 확실히 해야 한다. 예를 들면, '당신에게 이젠 넌더리가 나'
라고 표현하기 보다는 '당신이 ...약속을 지키지 않아서 화가 나' 라고
표현하는 것이 더 낫다. '당신은 이제 보기도 싫어' 이 보다는 '당신
이 ...식으로 일을 처리하는 것이 싫어' 라고 하는 것이 낫다.

기분 좋은 비판

팀원들이 열심히 일하고 난 후 팀장이 그 결과를 상사에게 보
고할 때, 팀원들이 열심히 일했을 경우 칭찬받을 것으로 생
각하고 의기양양해 있을 수 있다. 그런데 상사가 칭찬은커녕 여러 팀
원이 보는 앞에서 팀장에게 '도대체 이걸 일이라고 했어? 당신 도대
체 팀장 자격이 있다고 생각하는 거요?' 라고 말하면 그 팀은 어떻게
되겠는가? 그때 상사는 그 팀의 작업결과가 정말로 형편없다고 생각
하여 그런 말을 할 수 있다. 또는 속으로는 '괜찮은데, 조금은 미흡하
군' 이라고 생각하고 잘 하라고 자극주기 위해서 그런 말을 할 수도 있
다. 이런 경우라도 그런 식으로 표현하게 되면 상사가 하고 싶은 말은
거의 전달되지 않고 팀원들에게 사기저하와 적개심만 야기시키게 된
다. 자기 일에 만족을 느꼈던 사람들에게도 '더럽다. 딴 데를 알아봐

야지' 하는 생각을 불러일으킬 수 있다.

위와 같은 상사의 경우, 피드백을 주는 방법에 문제가 있다. 직원들이 최선을 다해서 일을 하게 하기 위해서는 직원들에게 필요할 때마다 긍정적인 피드백 위주로 정보를 주어야 한다. 상사는 직원들에게 그들이 하는 일이 잘 진행되고 있는지 또는 개선할 것이 있는지, 또는 완전히 방향을 전환해야 하는지 알게끔 정보를 제공해 줄 수 있다. 이때 기억해야 하는 것은 긍정적인 표현을 쓰는 것이다.

비판이란 경영자가 해야 할 가장 중요한 과제 중 하나이면서 가장 두렵고 망설이게 되는 일이다. 비판을 잘못하면 그 대가는 크다. 조직에서 일하는 사람들이 일을 얼마나 효율적으로, 만족해 하면서, 생산성있게 하느냐는 상관이 그들에게 어떻게 비평하느냐에 달려 있다.

부하직원에 대한 나쁜 비판 방법

잘못된 비판일 경우, 비판받는 사람은 그 비판을 자신이 한 일에 대한 불만으로 보기보다는 인신공격으로 받아들이기 쉽다. 특히 비판시에 사람들은 혐오감을 나타내거나 냉소하거나 경멸적인 표현을 하기 쉽다. 그러면 비판받는 사람은 방어적인 태도를 취하게 되고, 책임을 회피하려고 한다. 마침내는 직장일에 무관심하게 되고 부당한 대우를 받았다는 생각 때문에 삐뚤어진 방법으로 저항하게 된다. 마감시간이 임박해도 일을 처리하지 못하고 꾸물거린다든지, 지시사항을 자꾸 잊어버릴 수 있다.

직장에서 흔히 있는 파괴적인 비판으로는, '당신 때문에 회사 망하겠어' 라고 화난 음성으로 냉소적으로 말하는 것이다. 그러면서 부하직원이 제대로 반응할 기회도 주지 않고 무조건 몰아붙이는 태도이다. 이런 경우에는 직원에게 앞으로 어떻게 더 잘 할 수 있는가에 대한 대안도 말해 주지 않는다. 이같은 비판은 그 비판을 받는 사람에게 업무를 잘 할 수 있는 동기와 일에 대한 자신감마저 사라지게 한다.

사람들이 비판을 할 때 취할 수 있는 한 가지 방법은 신중하게 특정 사항에 대해서만 비판하는 것이다. 또 다른 방법으로는, '해고하겠다'고 위협을 한다든지 개인적인 결함을 들먹거리면서 비판하는 것이다. 사람이 비난을 받게 되면 긴장하게 되고, 화가 나고, 적대적으로 되고, 회사에 대해 무관심하고 싶다고 생각하게 된다. 가시돋힌 비판은 사기를 떨어뜨리고 작업을 열심히 하지 않게끔 한다. 그보다 더 나쁜 영향은 의욕이 상실되면서 '시키는 일만 대충하면서 시간을 보내지 뭐' 하는 생각을 하게 된다.

많은 경영자들이 비판은 잘 하면서 칭찬에는 인색하다. 일이 순조롭게 진행될 때에는 가만히 있다가 실수할 때에만 말을 한다. 표면적으로 큰 문제가 드러나지 않으면 직원들에게 피드백을 주지 않는다. 직원의 작업에서 문제가 생겼다고 할 때, 이는 갑작스럽게 발생하는 것이 아니고 천천히 누적되어 나타나는 것이다.

상사가 직원의 작업수행에 대해 불만이 생겼을 때 그의 느낌을 즉시 피드백해 주지 않으면 마음 속에 직원에 대한 불만이 쌓이게 된다. 그러다가 어느 날 별 것 아닌 사소한 것에 크게 화를 내게 된다. 비판을 좀더 일찍 했더라면, 직원들은 그 문제를 잘 처리했을 것이다. 사람들은 종종 노여움이 극단적으로 끓어 오를 때, 즉 자신의 감정을 통제하지 못 할 때에만 비판한다.

그 때가 바로 가장 나쁜 방법으로 비판하게 되는 때이다. 그들은 직원들에게 이제까지 가졌던 모든 불만을 쏟아 붓는다. 그러면서 해고

나, 지방근무 등을 들먹거리면서 직원을 위협한다. 그런 화살은 되돌아온다. 직원들은 비난을 모독으로 생각하고 분개한다. 이런 방법이야 말로 직원을 가장 나쁜 방법으로 동기화시키는 태도이다.

비판은 이렇게 하라

경영자가 훌륭하게 비판하면 그때가 바로 가장 도움이 되는 정보를 직원에게 주게 되는 때이다. 예를 들면, '제가 생각하기에 아이디어는 참신한 것 같습니다. 그런데 비용이 너무 많이 드는군요. 이 점에 대해서 팀원들끼리 다시 한번 생각해 봅시다.' 이런 비판은 상대방에게 무기력, 분노, 반발을 야기시키기 보다는 더 잘 해야겠다는 생각을 갖게 한다.

비판을 잘 하려면 그 사람이 한 구체적인 일에 초점을 맞추어야 한다. '어리석다' 든지 '무능력하다' 와 같은 말을 하게 되면 요점을 전달하지 못하게 된다. 그러면 비판받는 사람은 즉각적으로 방어적으로 되고 이때에는 그에게 도움이 되는 이야기를 해도 수용하지 못한다. 그들이 한 실수가 그들 자신의 내부에 있는, 변화시킬 수 없는 결함이라고 생각되면 그들은 희망을 잃고 더 이상 노력하지 않는다.

비판은 다음과 같이 하는 것이 효과적이다.

특정적이어야 한다

변화시킬 필요가 있는 문제점을 구체적으로 말한다. 부하직원은 무

엇이 잘못되었는지 구체적으로 모르면서 그들이 일을 잘못했다는 말
만 들으면 사기가 떨어지게 된다.

구체적으로 초점을 맞추어서, 그들이 무엇을 잘 했고, 무엇을 잘못
했는지, 그리고 어떻게 변화시킬 수 있는지 대안을 알려 주어야 한다.
애매하게 말하면 실제 전달하고 싶은 것을 엉망으로 만들게 된다.

칭찬을 할 때에도 구체적으로 해야 한다. 애매한 칭찬은 아무런 효
과가 없다.

비평을 할 때에는 사실만을 지적해야지 그 사람의 행동에 대한 평
가는 하지 말아야 한다. 우리는 보통 평가하는 말을 듣게 되면 반발한
다.

해결책을 제공한다

비판을 할 때에는 수정할 수 있는 방향을 지적해 주어야 한다. 그렇
지 않으면 좌절감을 주고, 사기를 저하시키고, 동기를 떨어뜨리게 된
다. 비판을 할 때에는 비판받는 사람이 생각치 못했던 가능성이나 대
안을 제시해야 한다. 즉 해결의 실마리를 제시할 수 있어야 한다.

얼굴을 맞대고 1:1로 한다

칭찬이나 비판은 서로 얼굴을 맞대고 사적으로 해야 한다. 비판를
하기 거북해 하는 사람은 메모나 전화를 이용하려고 한다. 그렇게 하
면 의사소통은 개인적이 되지 못한다. 또한 비판을 받는 사람이 반응
할 기회를 주지 않게 된다.

상대방의 감정에 미치는 영향을 생각해 본다

비판을 할 때에는 감정이입이 필요하다. 자신이 말하는 내용과 방법이 상대방에게 주는 영향을 생각해야 한다. 감정이입을 못하는 경영자는 피드백을 모질게 주기 쉽다. 상대방의 감정을 다치면 부정적인 결과를 가져온다. 문제가 해결되기 보다는 분개, 방어, 거리감만 조성시키게 된다. 이때 나-전달법(I-message)을 사용하면 도움이 된다.

나-전달법

나-전달법은 다른 사람에 대한 자신의 평가와 해석을 표현하는 것이 아니라 자신이 느끼는 감정과 경험을 표현하는 것이다. 예를 들면, '당신이 선택한 미팅장소가 잘못되었어' 라고 하기보다는 '나는 그 미팅장소가 마음에 안 들어' 이렇게 하면 다른 사람을 비판하지 않고 싫은 감정을 전달할 수 있다. 이 방법은 특히 상대방의 행동을 받아들일 수 없다고 느낄 때 특별히 활용할 수 있는 기술이다.

비판을 받을 때에는 이렇게

비평을 받는 사람은 비평을 개인적인 비난으로 간주하기 보다는 어떻게 잘 할 수 있는가에 대한 가치있는 정보를 얻을 수 있는 기회로 생각해야 한다. 그렇게 생각하지 않으면 책임감을 느끼지 않게 되고 정당화 시키려고 변명을 한다든지 반격해야겠다고 생각하기 쉽다.

건설적으로 비평에 대처하는 방법으로 2가지를 생각할 수 있다.

비평을 받을 때 더 많은 정보를 구하라

이 방법 중 한 가지는 비평을 받고 난 후 거기에 대해 구체적인 내용을 물어보는 것이다. 비평에 대해 자신이 진지하게 변화되고 싶더라도 모호한 비평은 쓸모가 없다. "당신은 도대체 그것을 일이라고 했어?" 이런 구체적이지 못한 비판은 이해하기 어려울 수가 있다. 이런 때에는 상대방에게 상세한 정보를 요구하는 것이 좋다. "제가 한 일 중에서 마음에 들지 않는 부분을 지적해 주시면 다시 생각해 보겠습니다."

또 한 가지는 비평한 사람의 말을 듣고 그 내용을 자신의 말로 바꾸어 말해 보는 것이다. 그리고 자신의 행동의 결과에 대해서 물어본다. 비평하는 사람의 생각과 감정을 자신의 말로 쉽게 바꾸어 설명함으로써 비평한 상대방으로 하여금 자신의 문제를 스스로 해결하도록 도움을 줄 수도 있다.

비평을 받을 때 비평한 사람의 뜻에 동의하라

비평한 사람이 일단 자신의 말이 신중하게 받아들여진다는 것을 알게 되면 비난의 강도는 약해진다. 종종 비난을 하는 이유는 자신에 대해 상대방이 주의하지 않고 있다고 느끼기 때문에 생긴다.

비평 중에는 겉으로 보기에는 별로 의미없는 것으로 보이는 것도 일면의 진실이 있기 때문에 정말로 개선하려는 사람이라면 비평을 끝까지 진지하게 듣는 것이 좋다.

대개 사람들은 자신이 한 요구사항이 이루어지지 않으면 상대의 행동에 대해 불평한다. 이런 종류의 비평에 대처하는 한 가지 방법은 자신의 행동이 상대방에게 어떤 곤란한 결과를 야기시켰는가를 알아보는 것이다.

상대방이 한 비평 중에는 자신의 행동에 대한 사실과, 그에 수반되는 상대방의 판단이 있다. 대부분의 사람들은 남을 비평할 때 자신을 화나게 한 행동뿐 아니라 행동에 대한 평가까지 한다. 우리는 비평을 받을 때 이 평가에 의해서 화가 난다. 상대방이 말한 사실이 진실이면 그 사실에 대해서만 동의하면 된다. 그리고 적절히 질문하여 대처하라.

만약 비평을 받은 후 너무 혼란스러우면 진정할 수 있는 시간을 가진 후 다시 이야기하자고 제의할 수 있다. 이때를 잘 활용하면 비평을 한 사람과 함께 일할 수 있는 좋은 기회가 될 수 있다.

내말로 바꾸어 말해보자

적극적 경청은 상대방의 말을 단지 자기 자신의 말로 요약하는 것 뿐인데도 아주 효과적인 방법이다. 이러한 적극적 경청은 다음 두 가지 경우에 잘 적용된다.

상대방이 계속해서 말할 수 있도록 유도하게 된다. 예를 들면 '나는 ...을 이해합니다' 와 같은 말을 하면 상대방은 자연스럽게 말을 계속하게 된다.

상대방은 적극적 경청으로 자신의 말을 다시 듣게 되므로 뒤죽박죽

해진 자신의 감정을 정리하는데 상당히 도움을 받을 수 있다. 사람들은 자기 자신의 개인적인 문제의 해결책을 스스로 발견할 수 있는데 특히 적극적 경청법은 상대방이 혼돈된 생각을 정리하는 데 도움을 준다.

어떤 직원이 불평할 때 자신의 말로 다시 얘기하는 적극적인 경청을 하면 잘 해결할 수 있다. 이렇게 하면 불평에 담겨 있는 사고내용뿐만 아니라 그 이면에 있는 정서도 이해하게 된다. 다음에 나오는 예를 살펴보자.

A씨 : 요즘 날마다 집에 늦게 들어가니 몸이 좀 뻐근한데요.

B씨 : 일이 많아서 힘들지요?

A씨 : 좀 그러네요. 애들 얼굴을 못 보겠어요. 오늘이 큰 아이 생일인데.

B씨 : 그래요? 오늘은 집에 좀 일찍 들어 가야겠네요.

비공식적인 대인관계를 형성한다 : 집단지능

작업단위는 개인보다 팀이다. 그렇기 때문에 한 개인의 재능이 뛰어난 것보다 팀원들을 조화시키는 정서지능이 중요하게 된다. 한 집단의 IQ는 그 집단에 관련된 모든 사람들의 재능과 기술의 합이다. 한 집단이 달성할 수 있는 능력은 집단의 EQ에 의해서 좌우된다. 집단지능을 좌우하는 것은 집단 구성원의 평균적인 IQ가 아니라 평균적인 EQ이다. 모든 것이 동일할 때 왜 어떤 집단은 다른 집단보다 더 생산적이고 성공적이냐 하는 것은 바로 이 조화시키는 능력의 차이 때문이다.

집단의 성과를 극대화시키는데 있어서 가장 중요한 요인은 구성원들이 어느 정도로 내적인 조화상태를 이룰 수 있느냐에 달려 있다. 다시 말하면 구성원의 재능을 충분히 이용할 수 있느냐에 달려 있다. 조화로운 집단의 전체 수행은 특히 재능있는 사람이 있으므로 해서 도움을 받는다. 집단 내에 마찰이 있으면 훌륭한 능력을 가진 구성원들의 재능을 이용하지 못하게 된다. 집단이 조화롭지 못하여 집단 내에 공포, 분노, 경쟁이나 분개하는 마음이 생기면 그 집단의 구성원들은 최선을 다하지 못한다.

집단에서 높은 성취를 나타내는 사람은 자기를 잘 동기화시키고, 조직내에 있는 비공식적인 조직망을 잘 활용하는 사람들이다. 집단 내에서 성취가 높은 사람과 그렇지 못한 사람들은 학업적 재능이나 IQ에서의 차이로는 잘 예측하지 못한다. 성취가 높은 사람들은 자신의 내부전략, 대인간 전략, 중요한 사람들과의 관계형성을 잘 한다.

인사고과를 결정하는 것

한 연구에서는 벨(Bell) 실험실의 관리자들에게 그 연구소에서 가장 뛰어난 사람들의 순위를 매겨보도록 하였다. 가장 높은 순위를 받은 사람은 IQ가 가장 높은 사람이 아니었다. 연구소에서 뛰어나게 일을 잘 하는 사람은, 다른 사람에게 좋은 협력자이며, 동료들에게 인기가 있는 사람들이었다. 그들은 사회적으로 고립된 사람이나 독불장군이 아니라 자신의 목표달성에 다른 사람의 도움이 필요하면 다른 사람으로부터 협력을 쉽게 받는 사람들이었다. 사람들은 그의 부탁을 받으면 기꺼이 그들 자신의 일을 제처놓고라도 도와주려고 하였다.

연구소에서 뛰어나게 일을 잘 처리하는 그들에게 예상치 못했던 문제가 발생하면 그들은 비공식적인 조직망을 활용하여 문제를 해결한다. 그들은 이러한 조직망을 형성할 뿐 아니라 자신의 노력을 작업에 효과적으로 조화시키는 능력이 있다. 팀 내에서 리더십을 발휘하여 합의점을 찾아내고, 고객이나 팀 내의 다른 구성원들의 시각으로 상황을 보는 능력과 뛰어난 설득력으로 팀 내의 갈등을 피하고 팀원들이 서로 협동하게 하는 능력을 가진 사람들이다.

그리고 그들은 정해진 직무 이외에 다른 영역에 있는 일까지 책임을 맡는다. 그들은 자신에게 동기를 잘 부여하고, 주도권을 발휘하고, 시간관리를 잘 하며, 직무에서도 열성적으로 일하는 사람들이다.

실패한 경영진의 특성

창의적 지도력 센터의 데이비드 캠벨은 '실패한 경영진'에 대해서 연구했다. 그들 대부분은 기술적인 능력이 부족해서 보다는 '대인관계에서의 결함' 때문에 실패했다. 연구자들은 미국과 유럽의 최고 경영진과의 인터뷰를 통해서 소위 말하는 치명적인 결함 9가지를 밝혀내었다. 이 중 대부분이 '인간관계경험 능력이 부족'하거나 '권위주의적인 사람'이거나 또는 '야심이 너무 많은 사람', 또는 '상부 경영진과 갈등을 빚는 사람'과 같은 정서지능의 문제를 가진 사람들이었다. 즉 IQ는 높을지 모르지만 EQ가 낮은 사람들이었다.

이 센터 책임자인 카렌 보일스톤은 경영자들에게 다음과 같이 말한다. "고객은 당신네 회사 직원 모두가 하바드대학 출신인지 스탠포드대학 출신인지에는 관심이 없다. 그들은 단지 자신의 일을 볼 뿐이다. 그들은 자신들을 잘 이해시키고 자신에게 존경심을 가지고 대해 주는 회사로 갈 것이다"

EQ 높은 상사와 EQ 낮은 상사

어떤 부서에 K부장이 새로 부임해 왔다. 이전에는 그 부서의 동료들간에 관계가 부드럽지 못하고 상사와 부하직원간 관계도 원만하지 못하여 업무수행이 별로 효율적으로 이루어지지 않았다. 그 부서에 K부장이 온 뒤로 직원들간의 관계가 개선되었으며 업무도 능률적으로 이루어졌다. 그 부서장과 한 인터뷰에서 나타난 EQ 높은 상사와 EQ낮은 상사의 특징은 다음과 같다.

- . EQ높은 상사는 신념을 심어주고 EQ낮은 상사는 공포심을 심어준다.
- . EQ높은 상사는 '우리들'이라고 말하고 EQ낮은 상사는 '내가'라고 말한다.
- . EQ높은 상사는 방법을 가르쳐주고 EQ낮은 상사는 방법을 알고만 있다.
- . EQ높은 상사는 신바람을 불러일으키고 EQ낮은 상사는 원망을 낳게 한다.
- . EQ높은 상사는 부하의 잘못을 고쳐주고 EQ낮은 상사는 부하의 잘못을 꾸짖기만 한다.
- . EQ높은 상사는 협동에 의존하고 EQ낮은 상사는 권위에만 의존한다.
- . EQ높은 상사는 앞장서서 인도하고 EQ낮은 상사는 부하를 부리려고만 한다.
- . EQ높은 상사는 부하를 순종자로 만들고 EQ낮은 상사는 부하를

맹종자로 만든다.

-. EQ높은 상사는 일을 즐겁게 만들고 EQ낮은 상사는 일을 고역스럽게 만든다.

상사와 잘 지내는 EQ 높은 부하직원

-. 상사의 태도를 바꾸려고 들지 않고 자신의 태도를 바꾸도록 한다.

-. 상사의 목표를 알고 있다고 자신하지 않고 그것을 확인해 본다.

-. 자신이 생각하는 업무의 중요도 순위가 상사와 부합하는지 수시로 확인해 본다.

-. 상사에 대한 하찮은 불만이나 불화에 구애되지 않는다. 그리고 상사의 의견대로 중도이상을 따라가 보도록 한다.

-. 상사의 성격을 파악하여, 결재를 받을 때에는 가장 적절한 시간과 방법을 선택한다.

-. 상사가 자신의 건의나 의견을 수락치 않으면 상사의 입장에서 판단해 본다.

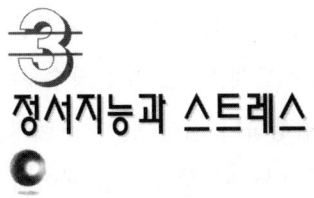

정서지능과 스트레스

우산장수 자식과 모자장수 자식

살아가는 동안에 '스트레스가 쌓인다' 라든지 '스트레스받는다' 라는 말을 한번도 사용해보지 않은 사람은 거의 없을 것이다. 이런 경우 스트레스란 한 개인이 주관적으로 느끼는 신체적, 심리적 불편감을 말하는 경우가 대부분이며 그 원인도 매우 다양하다.

스트레스의 원인은 '나는 왜 늘 이 모양이지' 라는 자기 자신의 내부에서 시작되는 불만일 수도 있고, 약속시간에 도착하기 힘들게 꽉 막힌 도로의 교통사정처럼 외부적인 것일 수 있다. 그러나 동일한 상황과 조건도 그것을 한 개인이 어떤 해석을 하느냐에 따라 스트레스가 될 수도 되지 않을 수도 있다.

모자장수 자식과 우산장수 자식을 둔 어머니가 해가 뜨면 뜨는 대로 비가 오면 오는 대로 걱정을 하는 것과 유사하다. 모자장수 자식을 생각할 때의 어머니에게는 비가 오는 것이 스트레스이고 우산장수 자식을 생각할 때의 어머니의 경우는 해가 쨍쨍하니 맑은 날이 스트레스가 될 것이다. 그러나 해가 뜨면 모자장수 아들이 장사가 잘 되어서 좋고, 비가 오면 우산장사 아들의 장사가 잘 되어서 좋다고 생각하면 날씨 때문에 스트레스 받을 일은 없어진다.

물론 모든 사람에게 스트레스로 작용하는 것들도 있다. 전쟁이나 홍수 같은 재해는 누구에게나 스트레스가 된다. 그러나 일반인들이 성가셔하고 극복해야겠다고 생각하는 스트레스는 천재지변인 경우는 드물고, 다른 사람에게는 큰 문제거리가 되지 않지만 본인에게는 심각한 상황일 경우나 혹은 자잘한 일상적인 짜증거리인 것들이다. 사별, 질병, 출산, 결혼, 이사 등이 주관적인 느낌으로서의 스트레스라면 교통체증이나 부부싸움, 날씨 등은 성가신 짜증거리로서의 스트레스이다.

왜 나만

해마다 5월이 되면 K부인은 스트레스를 받는다. 초등학교에 다니는 딸아이 선생님에게 드릴 스승의 날 선물로 무엇을 어느 정도로 해야 할것인가가 긴장과 갈등의 원인이다. 올해도 5월이 되자 스승의 날이 부담스러워지기 시작했고, 코 앞으로 날짜가 닥치자 긴장이 점점 더 해졌다. 여기 저기 귀동냥을 해보지만 마땅히 마음에 꼭 드는 해결방안도 없었다. 소홀히 하자니 딸이 학교에서 불이익을 받을지도 모르겠다는 생각에 불안하고, 그렇다고 촌지를 하자니 내 아이만 잘 돌보아달라는 염치없는 엄마로 보일 것 같고 또 평소에는 치마바람을 비

난하던 자신의 태도와도 갈등을 일으키고 이래 저래 마음이 편치를
않았다. 고민 끝에 자신도 모르게 '이 스트레스를 받느니 이민을 가버
려?' 하는 식의 한탄이 나오고 말았다. 옆에서 듣고 있던 고지식한 남
편은 말도 안되는 것 가지고 괜히 그런다는 식으로 대꾸를 하며, 촌지
를 했다가는 부부싸움 크게 한판 날 각오를 하라고 은근히 협박까지
했다. K부인은 이제 남편의 나몰라라 하는 비협조적 태도와 그동안
아이문제로 남편에게 쌓였던 불만이 가중된 스트레스하에서 가슴이
꽉 막힌 듯한 답답한 느낌을 받게 되었고 조그마한 일에도 폭팔해 버
릴 것만 같은 느낌을 지니게 되었다.

　우리 사회에서 가장 많은 부부싸움거리 중의 하나가 아이들의 교육
문제이고, 엄마가 아이들의 교육에 관한 대부분의 것을 책임지는 상
황에서 K부인의 예는 상당히 일반적인 경우이다. 동일한 안건을 놓고
도 남편은 스트레스를 거의 받지 않는 것 같지만 K부인은 스승의 날
이 지나갈 때까지 스트레스를 받을 것이고, 학교와 관련된 많은 문제
에서 이 상태는 지속이 될 것이다.

　스트레스를 연구하는 학자들은 한 개인이 받는 스트레스의 정도는
개인적인 요인 즉 본인이 그 문제를 얼마나 힘들어 하느냐와 더불어
환경적인 요인이 함께 작용하여 스트레스의 정도를 결정짓는다고 말
한다. 환경적인 요인으로는 스트레스의 지속 정도와 강력함의 정도,
예측가능성의 정도, 통제가능성의 정도, 사회적 지원의 정도가 있다.
K부인의 경우 이번 스트레스는 스승의 날을 전후해서 끝나겠지만, 학
교와 관련된 문제는 적어도 아이가 졸업할 때까지는 지속될 것이다.
선물로 인한 스트레스와 함께 아이가 학교에서 소외된 느낌을 엄마에
게 전한다면 선물 문제 하나만 일 때보다 스트레스가 더 커질 것이다.

학교에서 정해진 날짜에 보는 시험보다 기습적으로 보는 쪽지 시험이
더 스트레스를 주는 것처럼 예측가능성과 스트레스를 받는 개인이 그
문제를 해결하고 통제할 가능성이 있을 때와 없을 때의 스트레스 수
준은 달라진다. 이와 함께 사회적 지원의 정도가 스트레스를 느끼는
정도와 극복에 매우 중요하다.

스트레스는 나누면 반이 된다

스트레스 상황이라고 느끼는 어려운 일을 당했을 때 옆에서 애정과
관심을 주는 사람이 많을수록 스트레스를 느끼는 정도도 약해지고 극
복하기도 용이해진다. 위에서 언급한 K부인의 경우도 남편이 실질적
인 해결방안을 제시해줄 수는 없었다 할지라도 스트레스 상황이라는
것을 이해한다는 느낌만이라도 주었다면 스트레스의 수준은 약화되었
을 것이다.

애정어린 관심과 배려를 해주는 사회적 지원은 정서지능과 매우 관
계가 높다. 앞장의 친밀한 인간관계에서도 언급한 적이 있지만 정서
지능이 높은 사람들은 주위의 사람들에게 적절한 사회적 지원을 해줄
수 있다. 이들은 감정이입으로 이루어진 타인의 이해를 바탕으로 타
인에게 가장 적합한 정서적 지원을 한다. 이런 사람이 주위에 있는 경
우, 스트레스를 받는 사람은 그렇지 않은 경우에 비해 좀더 용이하게
스트레스에서 벗어날 수 있다. 우리 속담에 기쁨은 나누면 배가 되고
슬픔은 나누면 반이 된다는 말이 있다. 이때 나눈다는 행동이 바로 사
회적 지원이다.

스트레스에 대한 몸의 반응

우 리의 몸은 항상 기분좋은 균형상태를 유지하려고 한다. 그러나 종종 현실적으로 균형상태를 유지할 수 없는 경우가 생기며 이때가 바로 몸이 스트레스를 받는 상황이다.

스트레스를 받으면 맨 처음 신체의 저항력이 떨어진다. 체온과 혈압이 떨어지고, 심장이 빨리 뛰며, 온 몸의 근육에 힘이 없어져 축 쳐진 상태가 된다. 이런 상태가 되면 우리의 몸은 원래의 기분좋은 상태로 돌아가려고 애를 쓰게 된다. 저항력을 회복하려는 상태가 되면, 축쳐진 온 몸에 생기를 주기 위해 신체의 에너지원으로 간에 저장되었던 포도당이 방출되고, 이 포도당을 효율적으로 사용하기 위해 스트레스 호르몬이 분비되어 에너지 대사에 박차를 가하게 되어 심박수, 호흡수, 혈압 등이 상승한다. 이때 원래의 기분좋은 상태로 돌아가려고 노력하는 동안에 가장 활발하게 활동하는 신경계가 정서반응에 사용되는 교감신경계이다. 교감신경계는 스트레스 중추라고도 불리우는 시상하부의 명령에 따라 활동한다.

외부의 스트레스가 정서뇌에 다다르면 정서뇌는 시상하부로 하여금 스트레스 호르몬을 방출하는 부신피질을 활동하도록 명령한다. 부신피질에서 분비되는 스트레스 호르몬이 간장을 자극해 인체의 에너지원인 포도당을 방출하도록 하여 신진대사를 원활하게 하며 또한 신체의 여러 기관에서 스트레스에 대항하는 스트레스 호르몬을 분비하도록 하여 스트레스에 대한 적응반응을 신속하게 하도록 돕는다.

적응반응을 하고 있는데도 스트레스가 지속되면 부신피질 스트레스 호르몬도 계속해서 분비되고 우리의 몸은 상당히 높은 저항력을 유지

한다. 그러나 여기에서 주의할 점은 바로 그 스트레스에만 저항력이 높아진 상태이고 전반적인 몸의 저항력은 떨어진 상태가 된다는 점이다. 만일 이때 다른 스트레스 자극이 주어지면 우리의 몸은 더 이상 새로운 스트레스에 저항할 수 없게 되어 소진단계로 진입한다. 즉 더 이상 분비할 스트레스 호르몬이 없어지게 되고 따라서 다시 맨 처음 스트레스를 받았을 때의 축쳐진 상태가 나타나고 심한 경우에는 신체 저항력이 붕괴되어 사망에 이르게 된다.

스트레스를 받고 있을 때 유난히 감기에 잘 걸린다든지, 여기 저기 몸이 아픈 증세가 생기는 것은 우리의 몸이 해당 스트레스에 저항력을 높이느라고 다른 자극에 대해서는 저항력이 떨어지기 때문에 생기는 현상이다. 따라서 이런 경우는 소진단계에 이르기 전에 휴식을 취해 주어야 한다. 감기는 몸이 쉬어야 한다는 일종의 경고반응이며, 감기에 가장 좋은 약은 휴식이라고 하는 것도 바로 이런 점 때문이다.

스트레스에 대한 마음의 반응

스트레스에 대한 마음의 반응은 인식능력의 저하와 부정적 정서의 출현으로 규정지을 수 있다. 인식능력의 저하는 주의력의 산만을 가져오며 기억력과 추리력, 판단력을 약화시킨다. 부정적 정서로서 가장 흔한 반응 중의 하나가 불안이다. 특히 중요한 시험과 같은 예측가능한 스트레스일 경우는 불안의 정도가 심해진다. 곧 다가올 입학시험이나 결혼과 같은 스트레스에 많은 사람들은 안절부절하고 침착성이 없으며 어디가 모자라는 사람처럼 보이는 것이 바로 불안 때문이라고 할 수 있다. 불안외의 부정적 정서로 많이 발생하는 것은 분노, 즉 화이다. 화는 곧 공격적 행동으로 이어지거나 공격이 가능하지 않은 경우는 해봐야 별수 없다는 무력감이나, 세상 모든 일이 다 가치가 없이 느껴지는 우울로 이어진다. 불안과 분노에 관한 자세한 것은 정서의 조절과 통제부분을 참조하시오.

정신의 감기

많은 경우에 있어 스트레스는 스트레스를 받는 사람이 통제하기가 어려운 것이다. 스스로 마음대로 통제할 수 있다면 스트레스를 받는 정도도 현저히 줄어 들 것이다. 부모는 자식이 말을 안 들어 스트레스받고, 자식은 부모가 말이 통하지 않아 스트레스받고, 직장 상사는 부하직원이 고분고분하지 않아 스트레스받고, 부하직원은 상사가 권위적이어서 스트레스받고, 선생은 학생들이 공부하지 않아 스트레스받고, 학생은 성적이 마음같지 않아 스트레스받고, 우리는 자신이 어쩔 수 없는 수많은 스트레스에 파묻혀 산다.

이렇듯이 스스로 통제하기가 어려운 스트레스에 맞닥쳤을 경우 가장 흔하게 나타나는 정서는 우울이다. 신체의 저항력이 떨어져서 휴식을 취해야 한다는 경고반응이 감기라면 마음의 저항력이 떨어져 일시적으로 휴식을 취해야 하는 경고반응은 우울이다. 이유없이 피곤하고 매사에 의욕이 없으며 밥맛도 없고 잠도 잘 오지 않는다. 병원에 가 보아도 특별한 원인을 발견할 수 없다면 당신은 지금 정신의 감기에 걸린 것이다.

정신의 감기는 왜 걸리는가

독감이 유행할 시기에는 대부분의 사람들이 한번씩은 감기를 앓는다. 이 경우는 강력한 감기균이 환경에 있기 때문인 것처럼 정신의 감기도 그 원인이 외부에 있는 경우가 있다. 가까운 사람의 죽음, 질병, 실연, 실직 등과 같이 충격적인 일이나 월요일 출근할 것 때문에 생기는 일요일 저녁의 걱정, 아직 끝내지 못한 숙제 등 사소한 일이 주는 압박감에 이르기까지 스스로 통제하기에는 어려운 일들이 발생한 후의 우울이 있다. 대부분의 사람들은 충격적인 일을 겪고 난 후에는 깊은 슬픔과 함께 무기력감을 느낀다. 이런 경우 느끼게 되는 우울은 받아들이기 힘든 사실을 잠시 비켜나서 바라보게 해주는 역할을 하여 충격을 극복하도록 도와주는 특징이 있다. 마치 감기가 자신의 몸이 극한 상황에서 쉬라는 신호인 것처럼, 외부에 원인이 있는 우울증은 마주하기 힘든 고통을 잠시 동안이라도 직면하지 않도록 하여 절망에 빠지지 않고 충격에서 회복하는데 도움을 준다.

정신의 감기가 신체에 미치는 악 영향

속상한 일로 기분이 가라앉아 있으면 어쩐지 몸도 나른하고 힘이 없어져 아픈 것처럼 느껴질 때가 있다. 이런 현상은 단지 기분탓일까 아니면 실제로 우울한 기분이 몸에까지 영향을 주어 신체적 이상으로 나타나는 것일까?

우울증이 신체에 미치는 효과를 살펴본 최근의 연구에 의하면 우울증이 뼈밀도, 심장, 뇌 등 신체에 직접 영향을 미친다고 한다.

일반 성인의 경우 기분이 나빠지면 체내 호르몬 생성을 조절하는 내분비계가 영향을 받아 호르몬의 균형이 깨진다. 그 중에서도 부신피질 호르몬인 코티졸이 과잉분비되어 뼈 속의 칼슘이 혈액 속으로 빠져 나와 뼈 밀도가 낮아진다. 특히 이런 현상은 폐경기 이후 여성에게는 골다공증을 일으키는 원인 중의 하나로 작용한다.

또 우울한 기분은 심장에도 심각한 영향을 준다. 우울증 병력이 있는 사람의 경우 심장마비에 걸릴 확률이 건강한 사람에 비해 4배나 높다고 알려져 있다. 그 이유는 우울한 기분이 혈전 생성을 증가시켜 혈액을 끈적이게 만듦으로써 심장 자체에 혈액을 공급하는 관상동맥을 막기 때문이다. 또 우울증 환자는 전반적인 면역기능이 떨어지고 갑상선 호르몬의 분비가 저하되어 갑상선 기능저하증처럼 매사에 의욕이 없는 행동을 보이게 된다. 따라서 특별한 이유없이 가슴이 답답하고 슬프고 재미있는 것이 하나도 없다고 느껴질 때에는 쇼핑이나 음악감상 등 취미생활을 하거나 대인관계를 늘리는 등 적극적으로 우울증을 극복하려는 노력이 필요하다. 이외에도 다른 정서와 마찬가지로 우울은 여러 가지 방법을 사용하여 벗어날 수 있다. 인지적 재해석, 긴장이완법 등등 앞장의 정서의 조절과 통제에서 기술한 대처 방법들이 우울증의 극복에 도움이 된다.

스트레스 대처법

스트레스 상황이 되면 교감신경이 활동하여 우리의 몸과 마음은 흥분상태에 놓이게 된다. 이와 함께 스트레스를 받을 때의 심리적 고통과 신체적 고통이 심할 때에는 뇌에서는 내인성 아편의 일종인 엔돌핀이 분비되어 고통을 경감시켜준다. 스트레스 호르몬과 엔돌핀이 분비되고 교감신경이 흥분되게 되면 우리의 몸은 마치 팽팽이 당겨진 활시위와 유사한 상태가 된다. 활이 팽팽이 당겨지면 질수록 화살은 멀리까지 날아가지만 그만큼 활이 끊어질 가능성도 함께 증가한다. 스트레스 호르몬과 엔돌핀은 일시적으로는 우리 몸이 스트레스에 적응하는 것을 돕지만 장시간 계속해서 분비가 될 때에는 면역체계의 기능을 저하시킨다. 결과적으로 우리의 몸은 각종 질병에 취약한 상태가 된다.

현대인이 두려워하는 질병인 암, 심장병, 고혈압과 후천성면역결핍증까지도 스트레스에 의해서 야기될 수 있다. 우리의 몸에는 항상 해로운 물질이 존재한다. 바이러스나 세균 등의 해로운 물질은 면역체계의 기능이 왕성할 때는 별다른 영향을 미치지 못하다가 면역기능이 떨어지면 즉시 공격을 시작해서 암이나 심장병 등을 야기한다.

현대인의 생활은 매순간 순간이 스트레스의 연속이다. 스트레스의 홍수 속에서 면역기능을 떨어뜨리지 않고 건강하게 살 수 있는 방법은 무엇일까? 심리학자들이 일반적으로 권하는 방법에는 다음과 같은 것들이 있다.

자신의 감정에 솔직하라

즐거울 때는 즐거워하고 슬플 때는 슬퍼하고 화날 때는 화를 내라. 감정을 억압하는 것은 그 자체로 매우 커다란 스트레스로 작용한다. 자신의 감정이 무엇인지 정확히 인식하고 거기에 맞는 적절한 행동법을 학습하도록 노력한다. 어린시절에 이런 교육이 이루어지면 좋겠지만, 성인의 경우도 얼마든지 학습이 가능하다. 특히 부정적 정서 상황에서 흥분할 때 그 흥분의 원인이 무엇인지 반추하는 것은 정서의 인식과 솔직한 표현에 커다란 도움이 될 것이다.

착한 아이

J는 다섯 살 난 여자아이이고 J의 엄마는 직장에 다닌다. J는 아침마다 엄마와 헤어지는 것이 슬프고, 하루 종일 엄마를 보지 못한다는 것이 고통스럽다. 그러나 엄마가 출근할 때 우는 것은 나쁜 행동이라고 배웠기 때문에 울지 않는다. 착한 아이는 웃으면서 인사해야 된다고 하기 때문에 눈에는 눈물이 글썽이지만 입은 웃으면서 손을 흔든다. 그리고 큰소리로 말한다. "나는 엄마가 회사에 가도 슬프지 않아요."

J가 원형탈모증에 걸려 머리 여기저기에 백원짜리 동전 크기로 머리카락이 빠져 흉한 모습이 되어 피부과 치료를 받게 되었다. 상당기간 치료를 했지만 별 차도가 없자 피부과 의사의 권유에 따라 상담실에 왔다.

J는 우는 것과 슬픈 것을 동일한 것으로 알고 있었고, 슬퍼하는 것은 나쁜 행동이었고 나쁜 행동을 하게 되면 엄마의 사랑과 관심을 잃어버릴지도 모른다고 생각하고 있었다. 상담자는 엄마에게 J의 문제점에 대해 설명을 한 후 엄마로 하여금 J에게 우는 것이 나쁜 것이 아니라는 것, 엄마가 보고 싶으면 울어도 된다는 것을 설득시키도록 했다. 맨 처음 J가 울던 날, 다섯 살짜리 아이는 엄마를 꺼안고 대성통곡을 했다. 이제 J는 슬프다는 것이 무엇인지와 그 해결방법을 미숙하나마 알기 시작했고, 원형탈모증은 치료되기 시작했다.

성인인 우리도 실컷 울고 나면 현실적으로는 해결된 게 하나도 없어도 일단은 후련해지지 않는가. 따라서 감정을 억압하지 말고 적절한 출구를 찾아서 배출하는 것이 건강하게 사는 첫번째 방법이라고 할 수 있다.

가능하면 많이 웃자

웃는 행동은 스트레스를 받을 때와는 반대의 신체증상을 일으키고, 더 나아가서는 '웃는다' 라는 행동 자체가 '즐겁다' 는 심리상태를 야기하여 스트레스를 쉽게 극복하게 해준다.

캘리포니아 의과대학 교수인 노만 커진스는 자기 자신이 치명적인 질병에 걸렸다 회복된 후 웃음이 가지고 있는 치료효과에 주목하게 되었다. 그리고 환자들에게 웃음이라고 하는 것이 병 자체를 치료할 수는 없지만 다른 긍적적인 정서들이 작용할 수 있는 분위기를 창조한다는 것, 즉 좋은 일이 일어날 수 있는 밑바탕으로서 작용한다는 사실에 대해 강조했다. 22세인 캐롤은 다리를 사용하지 못하는 질병에 걸려 몇 년 내에 완전히 마비될 것이라는 진단을 받았다. 질병은 캐롤뿐만 아니라 온 집안식구들을 절망과 고통으로 몰아넣었다. 집안은 항상 걱정과 근심에 가득차 있어서 가정 자체가 와해될 위기에 몰렸다. 캐롤은 커진스와 면담 후 웃음을 치료의 한 방법으로 사용하기로 했다. 온 식구들이 웃음을 찾는데 협력하기로 하고 한 사람당 하루에 한가지씩 새로운 웃음거리를 찾아와 가족이 모인 자리에서 발표를 하고 일등을 뽑은 다음 캐롤이 그것을 커진스 박사에게 보고하도록 했다. 이런 일이 반복되면서 캐롤은 커다랗게 웃을 수 있었고, 가족들과 캐롤 간의 유대관계에 변화가 생기기 시작했다. 가족들에게 캐롤은 이제 더 이상 근심과 걱정만을 주는 짐이 아니었다. 가족들은 이제 캐롤과 큰 소리로 웃을 수 있었고, 캐롤 역시 그런 웃음을 즐겼다. 웃음이 포함된 생활은 아제 전체 가족의 삶의 질을 향상시켰다. 웃음이 캐롤이 앓고 있는 병의 진행에 어떤 영향을 미칠지는 아직 미지수이지만 적어도 그녀는 웃음이라는 치료법을 사용해 자신의 질병과 함께 자신의 삶 전부를 포기하는 잘못을 범하지 않았으며, 나아가서는 가족 전체의 건강한 삶이 손상받도록 하지는 않는다는 것이다.

자신감을 갖도록 하자

'내인생은 나의 것'이라는 생각을 지닌 사람이 '난 참 바보처럼 살았군요'라는 열등감을 지닌 사람에 비해 스트레스에 강하게 대응한다. 그러나 모든 일에 이런 식의 반응을 하는 것은 돈키호테식이 되어 웃음거리가 될 가능성이 많다. 또 섣부른 자신감은 약간의 시간만 흘러도 열등감으로 전환되기가 쉽다. 그러므로 자신이 통제할 수 있는 일과 없는 일의 구분을 명확히 하고 통제가 가능한 일에서는 자신감을 갖고 노력하며 자신의 통제밖에 있는 일에 대해서는 조급함과 미련을 버리도록 해야한다. 즉 할 수 있는 일에는 주저하지 말고 뛰어들고 할 수 없는 일에는 과감하게 물러나야 한다. 자신의 능력에 걸맞는 일을 망설이다가 놓쳐버리고는 평생을 후회 속에서 사는 사람이나, 자신의 능력이 닿지 않는 일을 벌려 놓고 좌절감 속에 사는 사람이나 모두 건강하게 살기는 힘들다.

자신감이 얼마나 중요한지는 88올림픽 때 수영에서 5관왕을 차지한 미국의 수영선수 비욘디를 보면 쉽게 알 수 있다. 비욘디는 첫번째 출전한 다이빙 종목에서 다이빙대에 머리를 부딪쳐 여러 바늘을 꿰매어야만 했다. 대부분의 사람들이 비욘디가 다른 종목에 더 이상 출전하는 것과 메달을 따는 것은 불가능하다고 생각했다. 그러나 비욘디는 계속해서 출전하여 결국은 5관왕에 등극했다. 그는 인터뷰에서 그동안의 자신의 연습을 믿었고 자신을 믿었다고 말했다.

긍정적인 태도를 유지하자

반쯤 물이 들어 있는 컵을 보고 아직도 반이나 남았다고 생각하는 태도가 반밖에 남지 않았다고 생각하는 태도보다 삶이 즐겁다. 자신의 일이나 남의 일에 불평불만을 일삼는 사람은 그렇지 않은 사람에 비해 생리적으로도 스트레스에 더욱 더 민감하다는 것은 일반적인 사실이다. 결점을 보기보다는 장점을 찾도록 노력하라. 인간의 일은 모두 동전의 양면과 같아서 아무리 힘들고 어려운 일도 뒤집어 보면 좋은 점이 있게 마련이다. 동일한 스트레스라도 어떤 사람에게는 심각한 영향을 미치는 가하면 어떤 사람은 쉽게 극복한다. 이것은 실제 상황이 어떠하든간에 그 상황을 우리가 어떻게 해석하는가와 관련이 있다는 증거이며 긍정적인 태도를 갖는것이야말로 스트레스에 강력하게 대응할 수 있는 해석 시스템을 지니게 해주는 것이다.

Y는 초등학교 학생이다. 항상 즐겁고 예의바르므로 선생님이나 주위 어른들은 Y를 방실이나 스마일이라고 부른다. 친구들과의 관계도 원만하고 기발한 착상을 자주 해 주위 사람들을 즐겁게 해주곤 한다. 요즘 학생답지 않게 Y는 시험에 대한 불안이나 걱정이 없다. 열 문제 중 일곱문제를 맞추고 세 문제를 틀려도 별 걱정이 없다. 그 이유를 물어봤더니 틀린 문제보다 맞은 문제가 더 많고, 다음 시험은 더 잘 볼 수 있기 때문이란다. Y의 친구인 C는 시험불안이 대단하다. 꼭 100점을 맞아야만 한다고 생각한다. 하나라도 틀리는 날에는 울고,

걱정하고, 하루종일 짜증이 대단하다. 친구들은 C는 공부는 잘 하지만 별로라고 평가를 한다.

Y와 C 두 아이를 비교해보면 Y에게는 공부가 일이나 과제가 아니라 놀이이고, 따라서 공부를 즐기기 때문에 기발한 생각이 가능하고, 친구들이 경쟁자가 아니기 때문에 교우관계도 친밀하다. C에게는 공부는 과업이고 학교는 싸움터이며 친구들은 이겨야만 할 경쟁상대이다. C의 삶은 말 그대로 스트레스이며 피곤하다.

일단은 흥분을 가라앉히자

심리적으로 방비를 아무리 단단히 해도 일단 스트레스에 접하게 되면 우리이 몸은 자동적으로 흥분한다. 흥분했을 때 교감신경계의 활동성을 가능하면 빨리 가라앉히도록 하는 것이 스트레스의 극복에 도움이 된다. 교감신경을 진정하기 위한 효과적인 방법은 몸과 마음을 이완하는 것이다. 교감신경과 부교감신경은 반대 작용을 하는 신경들이다. 마치 시소처럼 하나가 흥분하면 다른 하나는 저절로 억제된다. 따라서 교감신경계가 흥분되어 있는 상태에서 인위적으로 부교감신경계를 활성화 시키면 강제로 진정상태에 들어가게 된다. 부교감신경계를 활성화시키는 방법으로는 정서의 조절과 통제에서 언급한 심상법, 근육긴장이완법, 심호흡법, 명상법 등이 있다.

스트레스는 나쁜 것?

대부분의 사람들은 스트레스를 받을 때마다 스트레스 없는 세상에서 산다면 얼마나 행복할까 하는 생각을 한다. 그러나 스트레스가 전혀 없는 생활을 하게 된다면 인생은 지루하고 따분하게 될 가능성이 크다. 동물에게 인위적인 스트레스를 준 다음에 그 반응을 연구한 결과에 의하면 스트레스를 전혀 받지 않는 동물에 비해 적절한 양의 스트레스를 받는 동물이 동기와 에너지가 더 풍부하고 어떤 일이든지 성공할 확률이 더 높다고 한다.

당신에게 만약 성공하겠다는 바램이 스트레스로 작용하지 않는다면 그렇게 열심히 노력하겠는가? 어떤 일을 잘하고 못하는 정도는 스트레스의 수준과 밀접한 관계가 있다. 스트레스가 너무 강하면 우리는 맡은바 일을 잘 해낼 수가 없다. 그러나 스트레스가 너무 약하거나 없어도 우리는 늘어져서 일을 잘 하지 못한다. 적절한 스트레스가 존재할 때 일의 능률이 최고조에 달한다. 신체적으로도 약간의 아드레날린이 분비될 때 우리의 몸은 어느 정도의 긴장이 유지되어 탄력적이 된다. 스트레스가 있을 때 주로 분비되는 호르몬인 아드레날린은 소량인 경우는 우리의 몸을 생기차고 활력있게 만들어서 가장 적절하고 효율적으로 환경에 적응할 수 있도록 해주는 역할도 한다.

따라서 약간의 스트레스는 귀찮아하거나 성가셔 하지 말고 도약의 발판으로 삼으려는 마음새를 갖는 것이 좋은 대처방법인 동시에 스트레스를 통제하는 한 방법이 될 수 있다.

제 4 부

정서지능 교육

가정에서의 정서지능 교육

국화빵 부모와 국화빵 자녀

우리는 흔히 아이들을 보고 '아이구 누구누구집 국화빵이구나', '또는 인감도장이구나'라는 말을 한다. 물론 부모를 닮은 그 아이의 외모를 보고 하는 말이지만 아이를 알아 갈수록 일거수 일투족이 부모와 닮은 것을 보고 놀라움을 금치 못한다. 정서적인 면에서도 마찬가지다.

개천에서는 용이 나지 못한다

Y씨 부부는 맞벌이를 하고 있다. 부인은 저녁이면 거의 녹초가 되어 퇴근을 한다. '잠깐이라도 좀 편안히 쉬었으면' 하는 마음이 굴뚝같

다. 그러나 집에 들어가면 초등학교 3학년과 유치원에 다니는 두 아들 녀석은 5분이 멀다하고 툭닥거리며 싸우고 퇴근을 하고 돌아온 엄마 곁에 있으려고 둘이 밀치고 소란을 피운다. 스트레스를 느끼며 짜증스러워진 부인은 집에 들어오자마자 아이들을 다그치기 시작한다. "숙제했니? 학원은 다 갔다왔니? 너희들은 놀고 난 장난감을 꼭 치우라고 해야만 치우니? 왜 이렇게 소란스러워? 아무래도 둘이 따로 따로 떼어 놓고 살아야 될까 봐. 넌 형이 되서 왜 그러니. 둘째야, 형 말 좀 들어라." 한바탕 소리를 지르고 나면 자신의 생활이 더 고달프게 느껴지고 남편이나 살림을 해주시는 친정어머니 등 주변 사람들이 다 야속하게만 보인다.

퇴근을 하고 들어온 Y씨도 마찬가지다. 집에 들어오니 아내는 화를 내고 있고 집안은 어수선하고 짜증스러워진 그는 아이들이 잘못한 것을 트집잡아 한놈씩 회초리를 대거나 "TV 끄고 방에 들어가 책 보라."고 고함을 지른다. 거의 저녁마다 이런 일이 벌어졌고 한참 후 시무룩한 분위기에서 저녁 밥을 먹고 난 부모는 의무감으로 학교준비물이나 받아쓰기 시험 준비를 해준다. 물론 마구 짜증을 내면서.

하루는 몸이 아파 근무 중에 집에 들어온 부인이 아이들의 행동을 보고 '이게 아니구나' 하는 위기 의식을 느꼈다. 큰 아이가 작은 아이에게 사소한 일로도 마구 고함을 치며 협박에 가까운 언행을 하고 있었고 이에 화가 난 작은 아이는 할머니에게 마구 트집을 잡고 땡깡을 피워대고 있었다. 너무나 익숙하게 귀에 익은 단어와 어조에 부인은 당황했고 얼굴이 화끈거렸다. 애들이 바로 자신과 남편이 했던 동작이나 단어, 어조를 그대로 따라 하고 있었다.

이런 사례에서 보듯이 아이의 정서나 행동은 많은 부분이 가정 내에서 형성된다. 왜냐하면 가정이 바로 아이가 경험하는 최초의 세계이기 때문이다. 특히 부모의 양육태도나 정서상태는 아이가 세상 사람이나 사회에 대한 상을 형성해 가는데 큰 영향을 준다. 가정이 아이에게 어떤 교육의 장이 되는지 살펴보자.

정서적 유대감을 형성하게 해준다

부모는 언제나 내편

아이가 부모로부터 충분한 사랑과 무조건적인 수용을 받고 있다고 느끼게 되면 이 아이는 사람은 믿고 의지할 수 있다는 편안한 마음을 갖게 된다. 이런 정서상태에서 자라는 아이는 다른 사람에게 다가가 우호적인 관계를 맺고 싶어한다. 또한 사회생활에서도 적극적이며 외부 세계에 대해서도 많은 호기심을 갖고 탐색적인 행동을 활발히 한다. 그러나 부모로부터 감정적으로 버림을 받았다고 생각하며 자라난 아이는, 사람은 아무도 믿을 수 없다는 잘못된 신념을 갖게 되고 간혹 친하게 지내고 싶은 욕구가 생겨도 버림받을 것이라는 두려움 때문에 사람에게 잘 접근하지 못하게 된다. 또한 주변 사람들의 사소한 거절에도 민감해져서 스스로 더욱 더 고립되며 주변 사람을 자주 원망하고 미워하게 된다. 그러므로 아이는 무엇보다도 충분한 사랑과 보살핌, 수용 속에서 따뜻한 감정적 배려와 유대감을 느끼는 것이 중요하다. 이렇게 된 후에야 아이는 자연스럽게 부모로부터 독립해서도 안정감을 유지하게 되고 더 건강하고 자립적인 사람으로 성장해 갈 수 있다.

이와같이 정서적 유대감이 형성된 사람들은 인간은 물론 다른 생명체에 대해서도 잔혹한 행동을 하지 않는다. 왜냐하면 그 사람이 어떤 감정상태인가 하는 것이 자동적으로 느껴지기 때문에 화가 나고 억울하고 분해도 이런 감정을 사람을 대상으로 잔인하게 표출하지는 않는다. 그렇기 때문에 이런 사람들은 일전 신문지상에 실려 전 국민에게 충격을 주었던 지존파나 막가파의 행동과 같이 정신적인 이상이 없는 상태에서 태연하게 다른 사람의 목숨을 빼앗는 잔인한 행동을 하기는 어려울 것이다.

행동이나 도덕적인 규범을 배운다.

카르마

아이의 행동이나 가치관은 대부분 부모의 행동이나 가치관을 관찰하여 모방하는 것이다. 앞의 사례에서 보았듯이 아이는 가족관계 속에서 부부간의 습관적인 행동이나 자신을 대하는 언행을 그대로 보고 따라 한다. 도덕적인 규범을 가르치는 과정에서도 우리는 다양한 방법으로 아이의 정서상태에 영향을 줄 수 있다. 예를 들어, 아이가 마구 방을 어질러 놓았을 경우, 부모는 두 가지 방법으로 아이가 다 놀고 난 후에는 자신의 물건을 스스로 정리해야 한다는 사실을 주지시킬 수 있다.

한 가지는 충동적인 방법으로, 즉각적으로 화를 내며 '엄마가 청소부냐? 네가 이렇게 지저분하게 해놓으니 엄마가 매일 힘들고 아프지. 넌 어떻게 너만 알고 남을 돕지 못하냐'고 혼을 내는 경우이다. 이런 경우, 아이는 자기비하적으로 되어 자신이 남을 괴롭히는 나쁜 행동을 했다고 생각하게 된다. 그리하여 아이는 앞으로도 어질러 놓은 방을 치우지 않으면 바로 비난을 받을 것이라는 생각에 부적절하게 사람들의 눈치를 보며 마지못해 정리하는 수동적인 자세를 취하든지 아니면 조금만 주변이 지저분해도 안절부절못하는 태도를 가지게 된다.

반면, 아이에게 '엄마가 도와줄테니 같이 치우자'고 한 다음, '네가 이렇게 정리를 잘 할 줄은 몰랐다. 이제 엄마를 도와줄 만큼 다 컸구나. 이렇게 정리를 해 놓으니 보기 좋지? 앞으로도 놀고 나면 엄마의 도움없이 혼자 잘 치우겠구나. 참 착하다'라고 하며 칭찬을 해주는 경우이다. 이러면 아이는 스스로 괜찮은 아이라는 자부심에서 자발적인 행동을 할 수 있게 된다. 이 경우 아이는, 자신의 작은 행동이 남을 흐뭇하게 해줄 수 있다는 기쁨을 경험하게 되고 이런 행동은 긍정적으로 강화된다. 부모가 항상 이런 분위기를 조성해 주기는 어려우나 가능하면 아이가 이런 분위기에 있을수록 이 아이는 다른 사람과의 관계에서 더 용이하게 적응해 나갈 수 있는 내적 능력이 쌓이게 된다.

행동과 감정을 조절하는 기회를 갖게 한다

부모가 자녀의 특정 행동에 대해 적절히 칭찬을 하거나 야단을 쳐서, 적절한 자유를 주거나 제약을 가함으로써 아이는 자신을 통제하는 방법을 배우게 된다. 이때 꼭 필요한 것은 아이의 감정을 잘 이해해 주고 동시에 다른 가족 구성원의 감정에 대해서도 서로 이해할 수 있는 기회를 자주 가지는 것이다. 예를 들어, 아이가 무엇이든 자기 멋대로 하려고 떼를 쓸 경우 아이를 기죽이지 않고 키우고 싶다는 생각에 부모가 무조건적으로 그 요구를 다 들어 준다면 아이는 상대방의 감정에 대해서는 결코 이해할 수 없는 자기중심적인 사람으로 성장할 것이다.

금지옥엽

O부인은 학교를 졸업하기도 전에 부모님의 반대를 무릅쓰고 사귀던 남학생과 결혼을 하였다. 결혼과 동시에 아이를 갖게 된 O부인은 아이에게 별 애정을 느끼지 못하고 상당히 힘들게 아이를 키웠다. 너무 고생을 한 O부인은 아이를 더 낳을 생각이 없었다. 그러다가 7년 터울로 계획에 없는 둘째를 보게 된 O부인은 처음에는 당황했으나 막상 아이를 낳고 보니 너무나 귀여웠다. 둘째 아이를 키우면서 O부인은 자신이 큰 아이를 키울 때에는 아이에게 너무 성의가 없었고 야단만 쳤다는 생각이 들었다. 큰 아이에게는 다소 미안했지만 둘째 아이는 절대 때리거나 욱박지르고 싶지 않았다. 이렇게 키운 둘째 아이가 만 3돌이 지나면서 집안은 항상 시끄러웠다. 이전까지는 아이가 아무 것도 모른다고 생각하여 무엇이든지 형에게 양보하라고 이야기했다. 점차 아이는 작은 폭군이 되었고 형의 책과 공책도 찢고 뭐든지 멋대로 하려고 했으며 행동을 제지당하면 엄마가 포기하고 해줄 때까지 떼를 쓰면서 울었다. 유치원에 가서는 남이 재미있게 가지고 노는 장난감이라도 자기가 갖고 싶으면 다 뺏고 그 아이가 안 주면 때렸다. 그래서 하루가 멀다하고 맞은 아이의 엄마들이 집에 전화를 걸었다.

이런 사례와는 반대로, 부모가 무조건 화를 내고 거절만 한다면 아이는 기가 죽어 자신의 요구를 전혀 표현하지 못하게 되거나 반항적으로 행동하면서 자신의 요구를 간접적인 방법을 통해 만족시키는 것을 배우게 된다. 이런 과정을 거쳐 성인이 되면 음주행동을 비롯한 다양한 약물문제, 직장에서의 부적응 문제를 보일 수 있다. 음주문제일 경우, 이런 사람은 술을 안 마시면 너무도 얌전하고 순응적이어서 법 없이도 살 사람으로 평가되다가 술만 마시면 사람이 완전히 바뀌어 안하무인격이고 폭력적인 상태에서 자신의 억눌린 감정을 폭발시키게 된다.

더 이상은 참을 수 없다

L군은 상당히 얌전한 사람이었다. 동네의 많은 사람들이 L군의 가족에 대해서 잘 알고 있었다. 동네 터줏대감이고 고급공무원인 아버지는 항상 자신의 생각이 다 옳다고 믿는 고집스럽고 엄격한 사람으로 식구들은 아버지의 말에 무조건 복종을 해야 했다. 자녀들의 의견은 전부 철이 없는 생각이라며 사사건건 다 간섭하였고 하다못해 학과 선택이나 결혼, 취업문제도 자신의 생각대로 지시했다. 이런 가정 분위기에서 아무런 내색을 하지 않고 지내오던 L군이 고등학교를 졸업하고 대학에 떨어져 재수를 하면서부터 문제가 발생했다. 그렇게 얌전한 사람이 한번씩 술만 먹으면 동네의 공중전화박스를 부수고 지나가던 사람에게 시비를 걸고 난동을 피웠다. 어떤 때에는 얼굴에 상처가 많이 나 한동안 동네에 나오지도 못하는 경우도 있었다.

이와같이 가족 내에서의 부모의 태도에 따라 아이들은 천차만별의 모습으로 성장한다. 그러므로 아이에게 자신의 욕구나 감정을 적절히 표현하면서 동시에 이것을 조절할 수 있도록 가르쳐 주는 것이 굉장히 중요하다. 즉, 부모는 아이의 요구가 받아들여질 수 있는 어떤 기준을 정해 놓고 그 기준에서 벗어난 요구일 경우에는 거절하는 확고한 태도를 일관성있게 취해야 한다. 이런 과정에서 아이가 엄마의 태도에 서운함을 느끼게 되거나 엄마와 아이가 서로 흥분을 하게 될 경우 어느 정도 시간이 지나 아이의 감정이 진정되거나 아이와 부모의 흥분된 감정이 누그러지면 엄마는 아이를 안고 섭섭하고 서운했을 아이의 감정에 대해 공감을 해주고 속이 상했던 엄마 자신의 감정도 말한다. 그러면서 아이의 요구를 거절한 이유에 대해 설명해 주고 대화하는 중에 아이와 엄마간에 정이나 믿음도 더 두터워지고 아이의 정서지능도 개발되는 일석이조의 효과를 볼 수 있다.

자신을 적절히 표현할 수 있는 의사소통방법을 배운다

가정에서 아이가 자기의 생각과 행동을 부모나 형제와 자주 이야기해봄으로써 여러 가지 의사소통의 방법이나 자기감정의 표현방법을 연습하고 배우게 된다. 실제로 이같은 자기표현은 어린 아이들이 옹알이를 하면서부터 시작된다. 아이들이 옹알이를 할 때 열심히 이것을 듣고 이해하려고 노력하면서 많은 반응을 해준 부모에게서 자란 아이는 서투른 언어표현을 시작하면서부터 차분히 자기생각과 느낌을 표현하게 된다. 그러나 아이의 옹알이를 무시하거나 더듬거리고 말을 하려고 할 때 갑작스레 중단시키고 자기말만 성급하게 해버리는 부모 밑에서 성장한 아이는 자신의 말이 채 끝나기도 전에 차단당할까 봐 고집스럽고 성급하게 자기말만 하거나 또는 자기표현을 하지 못하고 머뭇거리거나 참아버린다. 의사소통에도 경험이 중요하다.

황제 아빠와 노예 가족

K씨는 매우 독재적인 가장이다. 자신이 힘든 직장일을 참아가며 가족을 위해 희생과 봉사를 하고 있다는 데에 많은 가치를 부여하고 있는 K씨는 집에 와서는 충분한 대접을 받기를 원했다. 항상 인상을 쓰고 들어오는 K씨에게는 집이 시끄러워서도 지저분해서도 안 되고, 자신에게 필요한 것은 손만 뻗치면 잡을 수 있는 자리에 있기를 원했다. 아이들이 열심히 재미있게 TV를 보고 있어도 아무 상관없이 K씨는 리모콘을 들어 자기멋대로 채널을 바꾸었고 아이들이 칭얼대면 소리를 버럭 질러 각자 자기방으로 들어가게 만들었다. K씨의 행동에 불만이 많은 부인도 거의 입을 다물고 신경질적인 모습으로 생활해 오고 있었다. 이런 환경 속에서 자란 아이들은 성장 후 자기표현에 대해 자신이 없다. 그 결과 같은 말을 반복하기 때문에 이야기를 듣는 사람으로 하여금 짜증나게 하거나 자기는 워낙 말재주가 없다는 생각에 아예 입을 다물고는 열등감을 느낀다.

이와같이 다양한 경험을 제공하는 곳이 가정이고 이같은 경험 속에서 아이의 모든 것, 특히 정서지능이 개발된다.

EQ 높은 부모

L씨 부부는 평범한 소시민 가족이다. 남편이 열심히 성실하게 직장생활을 하고 있으나 그 월급으로 중학생, 고등학생인 남매의 사교육을 시킨다는 것은 어려웠다. 아이를 낳으면서 직장을 그만

둔 부인은 아이들과 생활하면서 많은 시행착오를 했지만 점차 사람에게는 심신의 건강만큼 중요한 것은 없다는 생각이 들었다. 아이들의 성적도 중요하지만 애들과 많은 대화를 나누고 애들이 좋아하는 노래도 같이 듣고 좋아하는 연애인의 이야기도 하며 아이들과 공감대를 갖고자 했다. 휴일이면 가능한 부부가 아이들과 인근 공원이라도 가서 같이 재미있게 시간을 보내곤 했다. 큰 아들이 중학교에 들어가면서부터 부인은 주변에서 들리는 사교육에 대한 열성에 신경이 쓰였고 은근히 아이에게 제대로 뒷바라지를 못해주고 있다는 생각에 아이들에게 미안하기도 했다. 이들 부부는 이런 자신들의 가정상황을 두 아이와 함께 이야기했고 아이들도 많이 배우시지는 못했으나 진정한 인격자로 보이는 부모님을 정말로 사랑했고 항상 부모님의 따뜻한 마음을 느껴오고 있어 자신들이 학교수업을 열심히 들으면 과외는 필요없다고 오히려 부모님을 안심시켰다. 부부는 힘들게 공부를 해야 하는 아이들이 안스럽기도 했지만 이렇게 스스로 어려움을 극복해 가면서도 밝은 표정을 지니고 있는 아이들이 대견스러워 보이기도 하였다. 현재 남매는 둘다 자신이 원하는 대학에 들어가 건강하고 즐겁게 잘 지내고 있다. L씨 부부는 건강하고 자립적인 아이들에게 항상 고마움을 느끼고 있다. 이와같이 참다운 부모의 역할이란 모든 어려움을 다 막아주고 해결해주는 방패막이가 아니라 스스로 자신의 어려움을 극복할 수 있다는 믿음과 용기를 주고 힘들고 지칠 때 돌아와 위로를 받을 수 있는 편안한 안식처가 되는 것이 아닐까?

EQ 낮은 부모의 4가지 모습

반대로 다음에 언급할 4가지 태도는 아이의 EQ를 낮게 만든다.

지나치게 엄격하고 비난과 처벌을 많이 하는 부모

아이는 아이이다. 그런데 많은 부모들은 아이가 작은 어른이 되어주기를 바란다. 어려서부터 말썽 안부리고, 알아서 공부하고, 자기물건 정리 잘하고, 손님이 오면 눈치껏 해야 할 얘기와 하지 말아야 할 얘기를 구분하고, 부산스럽지 않고 차분하길 바란다. 간혹 이렇게 로봇과 같은 아이를 보고 주변 사람들이 인사치레로 칭찬을 하든가, 아니면 정말 부러워하는 시선을 보내는 사람이 있으면 이 부모는 자신들의 양육방식에 확신을 갖고 아이에게 더 엄격하게 어른스럽고 독립적인 행동을 강요하게 된다.

이렇게 발달과정이 무시된 채 마치 어른과 같은 행동을 요구당하며 비난을 많이 받은 아이는 자기존중감이 형성되지 못하여 '나는 잘하는 것이 아무것도 없어', '또 실수를 해서 비난을 받거나 창피를 당하면 어떻게 하지?' 라는 식으로 항상 열등감과 무기력감을 갖게 되며 성장해서는 우울감이나 무능함으로 적응상의 어려움을 겪을 수 있다. 또한 이런 환경 속에서 아이는 자신이 힘들 때 부모로부터 아무런 위로나 격려를 받아보지 못했기 때문에 친구들이 괴로움이나 슬픔을 호소할 때에도 자신이 경험한 대로 냉정한 태도를 보인다. 결국 친구들로부터 고립을 당하게 되고 아이는 자신의 문제는 알지 못한 채 사람들이 아무 이유 없이 자신을 싫어한다는 피해의식과 적대감을 갖게 된다. 즉, 심한 자기불만감 속에서 주변 사람들에게 자신이 받은 대로 비난을 하면서 쉽게 폭력을 휘두르는 사람이 될 수도 있다.

지나치게 허용적이고 관용적인 부모

이런 우화가 있다.

어느 날 고슴도치가 자신의 새끼를 잃어버려 정신없이 찾아다니다가 다람쥐를 만났다. 고슴도치는 다람쥐에게 "혹시 주변에서 이쁜 새끼 한 마리를 못보았냐"고 물었다. 다람쥐는 방금 저기서 보았다고 하며 고슴도치를 숲 속의 어떤 나무 밑으로 데리고 갔다. 거기에는 새끼 다람쥐 두 마리가 놀고 있었다. 모든 부모들은 세상에서 자기 자식이 제일 예쁘고 소중하다고 생각을 한다. 그러나 이런 본능에 끌려 아이의 요구를 무조건적으로 다 들어준다면 그 아이는 자신을 통제할 수 없는 사람으로 성장한다. 이런 사람들은 일상생활 속에서 자신은 언제나 특별대우를 받아야 되고, 하고 싶은 것은 다 하고 살아야 하며, 남의 명령은 들을 수 없고, 힘 안들이고 쉽게 즐기면서 살고 싶다는 등 어린 아이와 같이 자기중심적인 생각을 하며 생활한다. 일상생활 속에서 이같은 욕구가 즉각적으로 만족되지 않으면 쉽게 행패를 부리거나 자기학대적인 방법으로 부모의 마음을 괴롭히고, 자신의 경제형편과는 맞지 않게 부유하고 호화로운 생활을 하며 식구들을 착취하는 이기적인 사람으로 성장하기 쉽다.

자녀의 감정을 무시하는 부모

아이들에게는 부모의 칭찬이 세상에서 가장 소중한 선물이다. 그래서 거의 모든 아이들은 부모에게 칭찬을 받기 위하여 자기 나름대로 다양한 행동을 한다. 어떤 아이는 열심히 공부해 100점 맞은 시험지를 들고 신이 나서 집으로 뛰어 들어 온다. "엄마, 나 시험 잘 봤어!" 아이는 내심 엄마가 자신을 자랑스럽게 여기며 엉덩이를 툭툭 두드려 주거나 시험지를 보고난 뒤 "야, 너 참 대단하구나. 잘했다."라며 안아주기를 기대한다. 그러나 엄마는 잘했다거나 시험지를 보자는 말은 일체 안하고 "다 100점 맞은 거 아니니?" 혹은 "알았어, 들어가 손씻고 숙제해."라며 자기가 하는 일만 계속하고 있다. 이때 아이는 왜 자신이 공부를 해야 하는지 저항감이 생긴다.

이런 경우도 있다. 아이는 항상 예쁘게 화장을 하고 있는 엄마가 너무 좋았다. 아이는 엄마에게 칭찬을 받을 수 있는 일을 궁리하던 중 '아, 엄마가 즐겨 쓰는 화장대를 깨끗이 정리해 두어야겠다'고 생각했다. 기분좋게 걸레를 들고 와서 화장품을 하나씩 들고 닦다가 그만 실수로 화장품 병 하나를 떨어뜨렸다. 이 소리를 듣고 들어온 엄마는 다짜고자 "왜 시키지도 않는 짓을 하며 말썽만 피우냐"며 등을 찰싹 때렸다. 순간 아이의 눈에는 눈물이 고이며 가슴에는 평생 지워지지 않는 상처가 생겼다. 이런 상황이 반복되면 아이는 사람에게 잘해주려는 마음이 없어지게 되고 반대로 사람에게 아주 무관심하거나 냉소적이고 삐뚤어진 태도를 가지게 된다.

자녀의 의견에 대한 존중감이 결여된 부모

요즘 많은 책과 교양강좌로 스스로 상당히 합리적임을 자부하는 부모들이 있다. 자신은 아주 민주적이며 자녀와 많은 대화를 하고 있다고 생각을 한다. 그러나 실제 부모-자녀와의 관계를 보면 아이가 부모와의 대화를 기피하고 부모의 말에 대한 믿음이 부족한 경우를 종종 본다. 이때 아이들의 불만을 들어 보면 "우리 부모는 착각 속에 살아요. 전부 다 민주적으로 대화한다고 하면서 실제로는 당신들이 이미 다 결정을 내려가지고 와서는 그대로 해주기를 바래요. 우리가 다른 의견을 제시하거나 반대를 하면 인상이 일그러지면서 분위기가 험악하게 되요. 그러면서 대화를 하자고 하고 너희처럼 부모 잘 둔 친구들이 있냐고 할 때면 정말 할 말이 없어요."라는 말들을 한다. 아이들은 자신들의 이야기가 인격적으로 받아들여지길 바란다. 일단 이야기를 끝까지 다 듣고 "그렇게도 생각할 수가 있구나. 엄마는 OO생각도 드는데 이것은 어떠니."라며 대화를 통해 의견을 절충해 나가야 한다. 그러나 어른들은 쉽게 "앤 무슨 엉뚱한 소리야" 혹은 "니가 뭘 안다고 이래라 저래라 하니?", "시끄러워, 입 다물어. 정신 산란하게 왜 이러니."라고 면박을 주면 아이는 머쓱하게 된다.

우리가 살펴본 이런 제반 요소들이 아이의 정서개발을 차단하거나 엉뚱한 방향으로 왜곡시킨다. 그러면 어떤 방법으로 가정에서 아이들의 정서지능을 개발시킬 수 있을까?

아이에게 정서를 개발시켜 준다고 비디오나 오디오 테입만 틀어 주고 자신은 딴 일을 하는 경우가 있다. 정서는 사람과 사람의 관계 속에서 얻어지고 학습되는 것이다. 아이에게 교제 혹은 장난감만 덜렁 주고 이것을 하면 EQ가 향상되리라고 믿는 것은 착각이다. EQ향상에 중요한 것은 그 과제나 장난감을 다루면서 아이-부모 또는 아이-학습자 간에 일어나는 감정적 교류이다. 그러므로 가장 좋은 EQ개발법은 부모가 사소한 것에 쉽게 흥분을 한다거나 복잡한 가정문제로 불안정한 상태가 아니라면 부모와 아동과의 관계에서 형성되는 것이 가장 바람직하다.

동화책이나 만화영화를 같이 보면서 등장인물의 감정에 대해 이야기하기

아 이와 같이 동화책이나 만화영화를 보면서 '와, 저 애는 저럴 때 어떤 생각을 할까?' 혹은 '너무 슬프겠다. 친구가 오해를 해서..., 저 아이는 친구를 참 괴롭게 하는구나' 등등 서로의 의견을 물어 보고 같이 느껴가는 중에 아이는 자기 감정도 알게 되고 남의 감정도 느끼게 된다. 그러나 이때 자연스럽고 솔직하지 못하고 너무 의도적으로 말한다면 아이는 곧 부모의 의도를 인식하고 싫증을 내기 쉽다.

아이의 화젯거리에 관심을 보이기

요 즘 매스컴에 등장하는 좋은 광고구절 중에 하나가 '눈높이 교육'이라는 용어이다. 부모가 아이의 발달에 따라 '눈높이 대화'를 하는 것은 EQ향상뿐만 아니라 부모와 아이의 관계를 결속시켜 주는 가장 좋은 창구이다. 아이의 흥미거리에 관심을 갖고 이해하려고 노력하다 보면 자연히 부모-자녀간에 공감대가 넓어지고 이런 가운데에서 사람들은 문제상황에서도 자신의 감정을 자제하고 입장을 바꾸어 생각해 보려는 시도를 하며 가능한 상대방을 위해 주고 배려하려는 마음가짐을 갖게 된다.

아이의 장점을 발견하고 칭찬해 주기

대부분의 부모는 자녀를 사랑하는 마음에서 아이가 남들에게 좀더 긍정적으로 평가되고 칭찬받는 사람으로 성장하기를 원하여 흔히 결점이나 못하는 것에 신경을 쓰고 이를 지적한다. 그러다 보면 아이는 겉으로는 당당해 보일지라도 남들에게 자신의 결점이 드러나면 어쩌나 라는 생각에 내면에는 열등감이 생긴다. 이와 함께 부적절하게 이를 보상하려는 시도로 사소한 지적에도 변명이나 남의 탓을 하는 모습을 보이기 쉽다. 모든 학습의 기본은 '나는 이런 이런 것은 참 잘한다' 라는 자부심에서 출발을 해야 한다. 자신에 대해 긍정적이고 자부심을 갖고 있는 아이는 부족한 면이 노출될 때 부적절하게 열등감을 느끼지 않으며 지금이라도 배우면 된다는 열린 마음가짐을 갖게 된다. 이렇게 안정된 정서상태에서는 배우는 속도 또한 빠르다. 그러나 자신의 장점이나 장기를 전혀 모르는 아이는 자신감이 없게 되고 억지로 또는 초조한 가운데에서 조급하게 배워야겠다는 생각에 항상 남과 비교하여 경쟁하는 마음을 가지므로 순조롭게 일이 진행되지 않는 경우가 많다. 아이에게 자신이 가진 장점을 발견해 주고 칭찬을 많이 하면 아이는 다른 사람과의 관계에서도 좋은 점이 먼저 눈에 들어오고 긍정적인 감정 속에서 관계를 맺게 된다.

2 학교에서의 EQ교육

이제까지의 교육에서는 머리만 강조해 왔다. 즉 지적인 면만 강조하고 가슴, 즉 정서에는 별로 신경을 쓰지 않았다. 이제는 학교가 더 이상 지식만 교육하는 장소가 되어서는 안 된다. 정서의 발달에도 신경을 써야 한다.

현재 우리의 초·중·고등학교의 교육장면은 상위교육기관인 대학교에 들어가기 위하여 대학시험을 준비하는 곳으로 전락한 상태이다. 학업성적만 강조하고 인성교육, 특히 정서적 안정감이나 자제력을 함양하는 자기성장의 측면은 전적으로 무시하고 있다. 그 결과, 입시를 앞둔 가정에서는 가정 내의 상관은 자녀인 학생으로, 가정의 분위기나 주요한 결정사항은 모두 이들을 우선적으로 생각하면서 이루어진다.

자녀가 버릇없이 소리지르고 세상이 마치 자신만을 위해 존재하는 듯 자기만 위해 달라거나 남을 전혀 배려하지 않는 행동을 해도 '입시생이니까' 라는 식으로 넘어간다. 최근에는 이 입시개념이 초등학생, 심한 경우에는 유치원 아동에게까지 내려가 유치원에 다니는 자녀에게도 '논술공부'에 도움이 된다며 다양한 과외를 시키고 있다. 이렇게 입시준비시기가 하향되는 등 우리의 교육 현실은 어린 아이들에게까지 스트레스를 주어 아이들을 더욱 더 신경질적이고 이기적이며 불안정하게 만들고 있다. 이렇게 열심히 공부해서 대학에 진학한 많은 아이들이 대학에서 원만한 대인관계를 맺지 못하여 소외감을 느끼거나 또는 가족에 대한 불만으로 갈등을 겪고 있다.

최고의 미덕은 공부?

M군은 대학에 들어오자 심하게 혼란되기 시작했다. 과거에는 빈 시간이 없을 정도로 빽빽하게 짜여진 스케줄에 따라 열심히 공부만 하면 되었는데 대학에 오니 자기 스스로 그런 스케줄을 만들어야 했다. 처음에는 고등학교 때와는 달리 여러 가지 취미활동도 하고 고등학교 때까지 못해 본 여러 가지 일들을 하며 즐기리라는 생각에 가슴이 부풀었다. 그러나 막상 그렇게 놀려고 하니 겁이 나기 시작했다.

'내가 노는 사이에 남들이 다 나보다 앞서 가면 어떻게 하지?' 불안해진 M군은 또 다시 도서관에 틀어박혀 학업에 매진하기 시작했다. 물론 하루종일 도서관에 있어도 그 시간 내내 실제로 공부가 되는 것은 아니었다. 그냥 책을 붙들고 있으면 덜 불안한 것 같았다. 그런 가운데에서 친구들과 만나는 것도 편치 않았다. 입시공부할 때에는 시험에 나올 만한 문제나 정보는 모두 비밀로 혼자만 알고 지냈는데 study club에 들어가서부터 어느 정도까지 자기가 가지고 있는 정보를 친구들과 함께 나누어 가져야 하는지 혼란스러웠다. '혹시 나만 바보처럼 정보를 다 내놓아 나중에 손해를 보게 되는 것이 아닐까' 하는 생각이 자꾸 머리에 떠올랐다. 이렇게 되니 친구 옆에 있는 것도 부담스러웠고 이런 생각을 하는 자신도 싫어지고 급기야 '이것이 그렇게도 스트레스를 받아가며 공부해서 들어 온 대학생활인가' 하는 회의가 들기 시작했다.

현재 우리 교육은 많은 아이들을 위의 사례에 나오는 학생과 같은 심리적 기형아로 만들어가고 있다. 많은 아이들이 이기적인 경쟁심 속에서 황금시기인 사춘기를 다 보내고 메마른 심리상태에서 안하무인격인 성인이 되어서 남의 시선은 아랑곳하지 않고 전철 안에서건 버스 안에서건 길거리에서건 자기가 하고 싶은 대로 행동하고 그러면서도 아무렇지도 않게 생각하는 사회성불감증 상태가 되어 버렸다.

일전 좌석버스 안에서 일어난 일이다. 오후에 모든 사람들이 자신의 일로 지쳐있을 시간대에 좌석버스가 오랜만에 왔다. 사람들이 많이 타 비어 있는 좌석이 하나도 없는 상태에서 상당히 늙은 할아버지가 시골에서 막 상경한 듯한 모습으로 버스에 올라탔다. 할아버지는 제대로 중심을 잡지 못하여 비틀거리며 몇 칸을 밀려 왔다. 그러나 아무도 이 장면을 보려고 하지 않았다. 눈을 감은 사람, 자는 사람, 눈을 똑바로 뜨고 무표정하게 창 밖만 보고 있는 사람 등 각양각색이었다. 잠시 시간이 지나 결국 50대 중반쯤 되어 보이는 아주머니가 "나도 무릎이 아파 서서 가기는 힘드는데…" 하며 할아버지께 자리를 양보했다. 이때도 역시 아무도 이 상황에 눈길을 주지 않았다.

교육개혁 차원에서의 인성교육 강조측면

최근 우리 사회는 반사회적 폭력, 패륜적 범죄, 공무원의 비리, 그외 대형사고 등 비윤리적, 반사회적 범죄와 사고로 인하여 사회적 위기의식과 냉소적 분위기가 고조되고 있다. 이런 가운데 각계에서 많은 사람들이 우리 교육의 흐름에 대한 문제와 우려를 나타내고 있다. 교육계에서는 이와 같은 반사회적 병리현상을 진단하고 이를 치유하는 방안을 탐색하기 위해 다방면에 걸쳐 논의해 오고 있다. 이러한 추세 속에서 교육계에서 다시금 강조되고 있는 것이 인성교육의 필요성이다.

1995년 5월 31일 교육개혁안이 발표되었다. 이 교육개혁안은 두 가지 특징을 지녔다고 볼 수 있는데, 하나는 우리 교육의 체제를 '열린 교육의 체제로 개혁한다'는 것과, 다른 하나는 '인성 및 창의성을 함양하는 교육과정을 운영하는 것'이다. 많은 교육자들은 특히 '인성 및 창의성을 함양하는 교육'에 관심을 기울이고 있다.

이러한 교육체계의 개혁안을 구상하게 된 배경은 이제까지의 우리 교육의 문제점, 입시경쟁으로 치달아 가고 있는 우리 사회에 도덕성과 인간성을 회복하여야만 한다는 절실한 시대적 요구에 기인한 것으로 생각할 수 있다. 또한 창의성을 함양하는 교육은 21세기를 전망하면서 정보화·세계화 시대에 세계의 중심국가로 발돋움하기 위한 전략으로도 생각할 수 있다. 창의성이란 개인적으로 타고 나는 특성이기도 하나 우리가 정서적으로 안정되어 있을 때 가장 잘 발휘될 수 있다.

기존 학교교육의 특징

인성교육에 관한 관심이 최근에 많아진 것은 다음과 같은 가정 하에서이다. 첫째, 우리가 당면하고 있는 여러 가지 사회문제와 병리현상은 교과교육을 중심으로 한 기존의 학교교육의 실패뿐만 아니라 가정과 사회의 교육적 기능의 약화와 밀접하게 관련을 맺고 있다는 것이다. 기존의 학교교육 제도나 학교교육의 내용과 방법은 인간을 기르기 보다는 오히려 지식을 가르치거나 전수하는데 일차적인 관심을 기울여 왔다. 학교에서 이루어지는 도덕교육이나 윤리교육은 도덕적으로 통합된 인간다운 인간을 기르는 데 관심을 두기 보다는 오히려 현실적인 도덕적 행위의 실천과는 유리된 도덕적 사고나 지적 판단과정만을 강조함으로써, 아이들에게는 구태의연한 고전적 이야기에 그치는 잔소리쯤으로 밖에는 생각되어지지 않게 되었다. 뿐만 아니라 이같은 현실과 유리된 도덕적 지식은 여러 가지 사회적 병리 현상을 야기시키는데 직접 또는 간접적으로 많은 영향을 주어왔다.

이 모든 것이 학교교육과정에서 IQ와 관련된 지적인 요소만 강조하고 EQ는 무시한 결과와도 관련된다. 그렇기 때문에 교육개혁안은 바로 학교에서의 EQ교육을 강조한다고 볼 수 있다. 그런데 문제는 학교에서 어떻게 EQ교육을 할 것인가이다.

학생은 선생님의 거울

가정에서 EQ교육을 하는데 부모의 EQ가 중요하듯이 학교에서는

교사들의 EQ수준이 중요한 문제가 된다. 어린 아이들이 부모의 EQ수
준을 닮아가듯이 특히 저학년에 있는 아동일수록 교사의 행동을 관찰
하고 모방한다. 그러므로 저학년 아동일수록 학교에서의 EQ교육에
중요한 요소는 교사의 EQ적 자질이다.

이장에서 살펴보았듯이 교육경향은 반드시 그 초점이 '지식의 습
득'에서 '인성'이나 '더불어 사는 마음'을 강조하는 쪽으로 변해 가
야 한다. 즉 IQ와 함께 정서지능 EQ를 강조하는 경향으로 변화되어
야 한다. 급속한 사회의 변화와 지식의 폭발이 가치관의 일대 혼란을
몰고 오는 요즘 인성교육 EQ교육에 대한 강조는 다소 늦은 감이 없지
않다.

학교에서의 EQ교육의 필요성

가 드너 박사는 EQ교육의 필요성을 다음과 같이 역설하고 있
다. "어린이의 개발을 위해 교육이 할 수 있는 유일하고도
가장 중요한 공헌은, 아이가 자기의 타고난 재능에 가장 적합하고, 능
력을 충분히 발휘할 수 있고, 이를 통해 자기만족과 자긍심을 느낄 수
있는 분야를 발견하게 하여 이를 향해 나아가도록 도와 주는 것이다.
이제 서서히 단순히 아이들에게 순위를 매기는 일은 그만 두고 그들
이 지닌 선천적인 능력과 재능을 개발시켜 주어야 한다. 성공에 이르
는 길은 수만 가지가 있고 이것은 바로 인간이 다양한 능력을 통해 각
자 나름대로 성공을 이룰 수 있다는 것이다. 이제 단지 IQ를 높이기
위한 교육은 지양되어야 한다."

최근 청소년들은 자신의 분노를 관리하고 갈등을 긍정적으로 해결

할 수 있는 기본적인 능력이 부족하다. 이는 가정 및 학교에서 감정이입, 충동조절 등 기본적인 EQ능력을 개발시키지 않은 것이 그 일부 원인이 된다.

교사의 역할

저학년 학생일수록 교사의 영향력은 거의 절대적이다. 이는 초등학교라는 곳이 바로 무조건적으로 자기를 수용해 주었던 부모의 품에서 벗어나 최초로 사회적 평가를 내리는 낯설고 엄격한 권위자를 만나는 장소이기 때문이다. 이때 교사의 존재는 아이들에게는 대통령의 존재보다 크게 느껴진다. 학생들에게 주목받는 교사일수록 그 교사는 아동의 사회화과정에서 모델로 작용하여 큰 영향을 미친다. 그러므로 학생들이 학교에서 EQ높은 교사를 계속해서 보게 되는 것만으로도 훌륭한 EQ교육을 받는 것이 될 수 있다. 또한 교사는 교과목 시간에 간간이 그 과목에 나오는 내용에 맞게 EQ교육을 병행시킬 수 있다. 예를 들어 읽기 수업시간에 교과서에 어떤 사람의 이야기가 나온다면 '이 친구는 어떤 마음이 들까요?', '어떻게 하면 슬퍼하는 이 친구를 도울 수 있을까요?'와 같은 질문을 하여 다른 사람에게 감정이입을 유발시키는 질문을 할 수 있다. 그러한 질문을 통해 아이들이 상대방의 감정이나 느낌에 대한 공감하게 되고 도움행동에 대해 생각하게 된다.

수업중에 정서와 관련된 실제적인 문제를 다룰 수 있다. 즉 실생활에서 느끼는 긴장, 충격을 이야기한다. 즉 수업 중에 교사는 자신이 따돌림을 당했을 때의 상처, 발달과정에서 그 시기에 가질 수 있는 시기심 등 실제적인 문제를 다룰 수 있다.

또한 쉬는 시간이나 점심시간에 학생들이 싸울 때 교사가 어떤 해결책을 제시하느냐에 따라 아동들의 EQ상태는 많은 영향을 받는다.

EQ 높은 교사

사람을 다루는 과정이 얼마나 어려운지 우리는 간간히 부모가 자식을 경찰에 고발하는 경우도 듣게 된다. 교육장면에서 특히 요즘같이 학생에 대한 체벌이나 규제가 문제로 제기되고 있는 상황에서 교사의 역할은 더 힘들어지고 있다. 그러나 물론 어렵겠지만 교사가 화가 났든지, 문제학생하고 대립되는 상황에서 가능한 한 학생들에게 상처를 주지 않으려는 태도, 즉 학생의 감정을 존중하는 태도가 필요하다.

무섭지만 좋은 선생님

P교사는 자기반 아이들에게 무서운 선생님, 그러면서도 '좋은 우리 선생님'으로 불린다. 아이들은 모르는 것이 있거나 궁금한 것이 있으면 서슴치 않고 선생님에게 달려가서 도움을 청한다. 교사도 아이들의 이런 행동에 귀찮아하거나 짜증내지 않는다. 그렇다고 아이들을 버릇없이 내버려 두지도 않는다. 잘못된 점에 대해서 언성을 높여 위협감을 조성하기 보다는 엄격하게 그 이유를 설명하며 벌을 주거나 야단을 친다.

어느날 급식시간에 한 아기가 자신이 좋아하는 반찬만 다 먹고 난 뒤 그 반찬만 다시 가지러 교실 앞으로 왔다. 그것을 본 교사는 "영호야 이 반찬이 맛있니? 그런데 너 반찬을 골고루 안 먹으면 건강하지 못한단다. 이것들 다 먹고 오면 선생님이 이 반찬 많이 덜어 줄게. 다 먹고 와."라고 말했다. 아이는 서운한 마음이나 무안한 마음없이 나머지 반찬에 손을 대기 시작했다.

만약 단순히 "넌 딴 반찬은 남기면서 뭘 또 가지러 왔니? 다 먹고 와"하고 말했다면 그 아이는 매우 무안했을 것이고 편치않은 마음으로 남은 밥을 먹었을 것이다. 거절하는 장면에서도 진솔한 감정이 전달된다. 이같은 마음이 전해지는 경우 거절당하는 쪽에서도 거부감보다는 보살핌을 받고 있다는 느낌을 갖게 된다.

교사가 학생의 입장을 생각하고 존중하면 학생들은 학교생활에서 분노, 불안, 좌절의 감정을 덜 가지게 된다. 그리고 교실 분위기도 덜 공격적이고 안정되게 된다. 이런 교육분위기에서 학생들의 EQ가 높아지면 그들의 성취도와 행동발달 상황도 개선된다.

EQ 낮은 교사의 3가지 유형

자신의 감정을 통제하지 못하는 교사

악마 학생, 천사 선생님

학교에서 기도시간이다. 그런데 학생들은 조용히 하지 않고 교사를 힐끗힐끗 곁눈질하면서 교사가 자기쪽으로 보지 않는다고 생각되면 재빨리 옆에 있는 친구와 소근거린다. 기도시간인데 계속해서 학생들의 소근소근되는 소리가 들리니 교사는 화가 나기 시작했다. 그때 평소에 별로 이쁘게 보이지 않았던 유미가 눈을 뜨고 소근거리는 것이 눈에 띄였다. 이 순간 교사는 자신의 감정을 폭발시켰다. 모든 학생들이 보고 있는 가운데 한창 사춘기인 유미의 감정상태는 아랑곳하지 않고 이런 말을 했다. "여러분, 모두 유미를 위해 기도합시다. 주여, 이 아이의 마음에 들어 있는 사악한 악마를 몰아내 주십시오. 이 아이는 지금 지옥의 구렁텅이에 빠질 행동을 하고 있습니다. 이 애는 바로 악마의 화신입니다...."

표면적으로는 근엄하고 자상하게 그 학생을 위해 주는 기도였지만 이 말을 듣고 있는 학생은 모든 반 학생들이 보는 앞에서 바로 '악마'가 되었다.

어떤 교사는 수업도중 교실 뒷자리에 앉아 있는 학생이 자꾸 눈에 거슬리는 행동을 하자 그 학생이 있는 자리로 갔다. 얼굴은 화가 나서 붉어져 있었고 음성은 떨렸다. "너같은 쓰레기가 학교에 다녀서 뭐해? 너 때문에 딴 애들도 공부 못해. 아무래도 인간이 못 될텐데. 집에 가."

교사는 학생들이 소란스럽게 하는 태도나 공손하지 못한 태도에 화가 나 그 학생을 인신공격하게 되고 그 학생에게 깊은 마음의 상처를 남긴다. 이때 학생의 마음 속에는 분노가 일어나면서 교사, 더 나아가서는 기성세대 전체를 혐오하게 된다. 그러면서 교육 자체를 거부하게 된다.

학생의 정서를 무시하는 교사

슬픈 만우절

4월1일 만우절이다. 아이들은 이날 하루쯤은 공부하지 않았으면 좋겠다는 들뜬 마음에서 반을 바꾸고 교실팻말을 바꾸고 교탁을 엎어놓고 칠판을 등지고 거꾸로 앉는 등 별의별 행동을 하면서 흥분하고 들떠 있었다. 생각없이 교실에 들어온 교사는 반에 들어가 아이들을 보는 순간 '내가 교실을 잘못 들어왔나?' 하면서 어리둥절했다. 4반이라고 생각하며 들어왔는데 7반 반장이 앉아 있는게 아닌가? 나가던 교사는 아이들의 웃음소리에 자신이 놀림을 당하고 있다는 생각이 들었다. 화가 난 교사는 반의 간부들을 불러내어 일렬로 세운 뒤 격해진 목소리로 야단을 치면서 따귀를 때리고 당장 모든 것을 원위치시키라고 지시했다. 그리고 채 흥분이 가라앉지 않은 상태에서 공부를 시작했다. 굳은 표정과 냉냉한 음성으로. 아이들은 얼어붙은 표정으로 모두 책을 보고 있었다. 옆반에서는 한동안 떠들썩하게 책상을 두드리며 유쾌하게 웃는 소리가 들려오다가 조용해졌다.

비효과적인 교사의 개입

화가 나서 자기 친구를 때리는 학생에게 교사가 "넌 왜 그렇게 남을 괴롭히니? 별 이상한 애가 다 있네. 지금 당장 그만 둬!"하고 소리를 지른다. 그러면 야단맞은 아이는 그 당장 때리는 것은 그만둘지 몰라도 마음 속의 분노는 여전히 수그러들지 않는다. '너 때문에 내가 선생님에게 야단맞았어. 네 녀석이 내 공책만 빼앗아 가지 않았다면 이런 일은 없었을 텐데'라며 자신이 화를 내게 된 원인을 계속해서 생각하고 이렇게 되면 분노는 더 심해질 것이다.

문제상황에서 교사는 학생들의 소란스러움 때문에 화가 나서 성급한 행동을 하기 보다는 학생들의 이야기를 듣고 난 뒤 적절한 조치를 취해야 한다. 간혹 항상 문제를 일으키는 아이가 있더라도 무조건적으로 그 아이를 비난하기 보다는 그런 상황에서도 공평한 대우를 받는다는 느낌을 가지게 하는 것이 중요하다.

학생을 위협하는 교사

기섭이는 장난기가 많은 아이면서도 쉽게 긴장하고 겁을 먹는 아이다. 간혹 어머니가 짜증을 내면 자주 화장실에 가서 소변을 보곤했다.

기섭이가 초등학교에 들어가 한 달쯤 지나면서 아이는 아침에 일어나 학교가기까지 몇 번씩 화장실을 들락거렸다. 아이의 성격을 알고 있는 엄마가 이것저것 묻자 아니는 "학교에 꼭 가야만 되느냐."고 울상을 지었다. 아이는 선생님이 친구들을 너무 야단치는 것을 보고 무서워져서 학교에서 자신도 야단을 맞지 않을까 하는 생각으로 긴장하면서 몇 시간을 보내다 집에 오곤 했다. 아이의 말에 의하면, 선생님은 목소리가 굉장히 큰데 학생들이 조금만 잘못하면 소리를 지른다. 장난치거나 이야기하다 걸리면 그 아이를 제외한 모든 친구들이 그 아이를 향해 합창으로 "바보", "바보"라고 소리지르며 손가락질을 하게 했다. 아이들이 보기에 그 선생님은 아주 사소한 잘못이나 실수를 하나도 놓치지 않고 다 지적하고 벌주는 아주 엄격한 처벌자였다. 기섭이는 어제 학교에서 돌아와서는 "담임 선생님이 무서워서 학교에 가기가 싫다."고 했다.

이와 같이 특히 초등학교 저학년 학생일수록, 교사의 정서적 상태에 따라 학생들의 EQ가 절대적인 영향을 받을 수 있다. 그러므로 가능한 한 아이들이 정서적으로 안정감을 느끼고 즐거운 마음으로 학교에 가서 많은 성취감과 자존감을 느낄 수 있도록 배려해야 한다.

학생을 처벌할 때 교사가 흔히 저지러기 쉬운 실수

첫째, 학생들이 보기에 교사가 사소한 문제에 과도한 반응을 하는 경우이다. 이런 경우 흔히 아이들은 '무슨 기분 나쁜 일이 있어 화풀이를 하시는 것 아니야?' 라는 생각을 한다. 이럴 때에는 교육적인 효과가 전혀 없다. 그러므로 개인적인 일로 화가 나 있을 때에는 가능한 학생을 처벌하지 않는 것이 이같은 우를 범하지 않는 최선의 방책이다.

둘째, 특정 학생을 처벌할 때 이것이 객관적으로 그 아이의 행동에 대한 적합한 처벌인가 아니면 나의 개인적인 편견으로 그 학생의 행동이 더 나쁘게 보이는 것인지 한번 생각해 봐야 한다. 예컨대, 개인마다 성장과정에서 자신과 잘 맞지 않는 성격이나 특성에 대한 선입관이 있고 이런 선입관에 일치되는 사람을 대하게 되면 별것 아닌 행동이나 말에도 기분이 상하고 짜증이 나는 경우가 있다.

셋째, 처벌받을 행동 그 자체에 대해서만 평가를 해야지 학생의 인격 전체에 대한 비난이나 처벌로 심한 마음의 상처를 남기는 언행을 해서는 안 된다.

EQ교육에서 기본적으로 가르쳐야 할 것

자신의 감정인식

자신이 화가 났는지 무서워하는지 정확하게 인식하고 이를 적절히 표현하는 연습의 기회를 준다.

감정을 통제하는 능력

어떤 상황에서건 하고 싶은 것을 즉시 해야 된다든지 화가 난다고 다른 사람에 대한 배려없이 마구 화를 내면 안 된다는 것을 배울 수 있는 기회를 준다.

감정이입 능력

괴로워하거나 슬퍼하는 친구의 감정을 인식하고 이에 대해 감정이입하는 능력을 키워야 한다.

이같은 내용들이 EQ향상 프로그램에서 고려되어야 할 사항으로, 이는 정규적인 교과과정에 병행해서 이루어져야 한다. 이렇게 해야 학생들은 자연스럽게 자신의 정서나 타인의 정서를 인식하고 표현하고 나눌 수 있게 된다. 언뜻 보기에 너무 평범하게 보일 수도 있고 현재 당면한 급박한 문제들을 해결하는 데에는 너무 미약하게 보일지도 모른다. 그러나 우리의 교육정책은 너무나 근시안적이고 즉각적인 계획수립에 의존해 왔다. 미약하게 보일지라도 이같은 EQ향상법으로 생활 속에 뿌리박힌 습관과 같이 될 때 비로소 효과를 볼 수 있다. 이런 방법이 진정 EQ교육이 뿌리내리게 하는 방식이다.

윤영화
고려대 심리학과 박사
남가주대학 심리학과 박사 후 연수
한국신경심리연구소 대표
현재 고려대 등에서 강의

김미라
고려대 심리학과 박사
고려대학교 행동과학연구소 연구위원
현재 고려대 등에서 강의

서혜희
고려대 심리학과 박사과정 수료
임상심리전문가
한국신경심리연구소 선임연구원
이천 성안드레아 병원 임상심리과장 역임
현재 서강대 평생교육원 등에서 강의

인 지

나는 지적인 사람인가 감정적인 사람인가

1998년 1월 20일 1판 1쇄 발행
2007년 6월 25일 1판 9쇄 발행

지은이 • 윤영화 김미라 서혜희
펴낸이 • 김 진 환
펴낸곳 • **학지사**

121-837 서울시 마포구 서교동 352-29 마인드월드빌딩 5층
전   화 • 326-1500(대) / 팩스 324-2345
등   록 • 1992년 2월 19일 제2-1329호
http://www.hakjisa.co.kr

ISBN 978-89-7548-195-6 03370

정가 8,000원
잘못된 책은 구입처에서 교환하여 드립니다.

인터넷 학술논문원문서비스 **뉴논문** www.newnonmun.com

내일을 준비하는 학지사의 팝사이컬러지 북스

현대인의 스트레스 관리

영남대학교 장현갑 강성군 공역 · 1998년 · 신국판 · 176면 · 6,000원 · ISBN 89-7548-197-2 03180

스트레스에 적절하게 대처하지 못하면 각종 만성병을 일으키고 심리적 장애도 초래한다. 그러나 모든 종류의 스트레스가 유해하고 건강을 위협하는 것은 아니다. 스트레스는 잘 인지하고 대처해나간다면 삶을 더욱 살찌우고 성장시키는 긍정적인 요소가 될 수 있다. 이 책은 스트레스의 진단으로부터 대처에 이르기까지를 11단계로 나누어 논리적 순차적으로 접근해, 독자 스스로 당면한 스트레스 원인이나 스트레스에 대한 취약성 정도, 반응성 등을 진단할 수 있게 구성하였다. 이러한 진단을 통해 자신의 스트레스에 대한 취약도를 알아봄으로써 대처방법을 선택할 수 있다.

모든 일은 사람하기에 달렸다

윤 진 저 · 1996년 · 신국판 · 304면 · 7,000원 · ISBN 89-7548-117-4 03810

심리학자의 눈으로 본 세상 이야기이다. 인간세계의 문제를 한 번쯤 같이 생각해 보자는 것이다. 세계사를 통틀어 볼 때 예수, 석가, 공자 같은 성인은 물론, 히틀러 같은 폭군도 그 나름대로 우리 세상을 진보 또는 퇴보시키는 데 일익을 담당한 것은 부정할 수 없는 사실이다. 그러므로 과학기술과 컴퓨터가 발달한 현대사회에서도 여전히 '모든 일은 사람하기 나름' 이라는 것이 기본 생각이다.
아무리 세상이 바뀌어도 역시 컴퓨터와 같은 첨단기계보다는 '사람' 이 역사의 주역이 될 것이며 그 사람의 일거수 일투족에 따라 '세상' 은 또 크게 달라질 것이다.

나를 존중하는 삶

우석대학교 강승규 역 · 1994년 · 신국판 · 148면 · 4,000원 · ISBN 89-7548-031-3 93180

이 책은 개인의 본질적인 가치를 어떻게 찾을 수 있는가 하는 문제를 자기존중감이라는 개념으로 풀어 가고 있다. "나"를 존중하고 중요하게 여기는 일은 무엇인가? 건전하게 자신을 존중하는 사람과 그렇지 못한 사람의 특징은 무엇인가?
자신의 삶의 방향이 본질적으로 검토되지 않았을 때 발생하는 여러 가지 부작용을 심리적으로 파헤쳐 올바른 처방을 내린다.
이 책은 작은 소책자이지만 자기 삶을 보다 진지하게 반성해보려고 사람에게 매우 귀중한 방향을 제시해 줄 것이다.

내일을 준비하는 학지사의 팝사이컬러지 북스

화가 날 때 읽는 책

전남대학교 홍경자 김선남 공역 · 1995년 · 신국판 · 308면 · 7,000원 · ISBN 89-7548-048-8 03180

저자 알버트 엘리스는 미국에서 잘 알려진 심리학자로, '지정행 요법(REBT)'이라는 독특한 심리치료 이론을 창안한 사람이다. 이 책은 그의 심리치료 이론을 소개한 것으로, 전문가의 도움을 받지 않고서도 스스로의 노력을 통해서 화내는 습관에서 해방되는 방법을 자세히 제시한다.

때로 극도로 분노하여 인간관계에 상처를 주고 후회하는 경우도 허다하다. 그리하여 어떻게 하면 자신의 마음을 통제하여 의연하고 담담하게 지낼 수 있는가를 고심하게 된다. 이러한 면에서 이 책이 유익하게 활용될 것이다.

스트레스와 정신건강

영남대학교 장현갑 강성군 편저 · 1996년 · 신국판 · 360면 · 10,000원 · ISBN 7548-110-7 93590

제1부에서는 스트레스 관리능력으로서 정서지능(EQ)이라는 개념과 스트레스 대처방법으로서 명상에 관한 연구, 대표적 스트레스 질병인 심장병에 관한 최근의 연구들을 개관했다.

제2부에서는 실제로 느끼는 자신의 스트레스를 다각도로 진단하고 이를 효율적으로 처리해나갈 수 있도록, 지난 수년간 영남대학교 학생생활연구소에서 실시한 스트레스 대처 프로그램의 실습경험을 주요 내용으로 한 "스트레스의 진단과 대처"라는 프로그램을 소개한다.

3부에서는 스트레스 대처기법으로 최근에 가장 많이 활용되고 있는 이완훈련법(명상법), 인지적 재구성법, 자기주장훈련방법을 다룬다.

청소년 스트레스와 정신건강

중앙대학교 임영식 양돈규 공역 · 1998년 · 신국판 · 192면 · 6,000원 · ISBN 89-7548-182-4 03370

이 책에서는 효과적으로 스트레스에 대응하기 위해 스트레스가 우리에게 어떤 영향을 미치며, 어떠한 요인이 스트레스를 유발하는지, 그리고 현재 어느 정도의 스트레스를 받고 있으며, 어떻게 여기에 대처할 것인지에 대해 청소년의 일상관리 방법을 다룬다. 특히 이 책에서는 지금까지 스트레스와 관련된 책들에서 거의 다루지 않았던 스트레스로 인해 나타날 수 있는 청소년들의 문제행동 예를 들면, 자살을 생각하거나 시도하였을 때에 대한 대처방안을 다루고 있다.

또한 건강과 관련된 여러 가지 문제들이 청소년 자신과 관계가 있음을 보여주기 위해 다양한 퀴즈와 특별란을 마련하였다.